台語的鄉土口味

——俗諺・俚語

編著者——顏勝堂

謹以本書　嘉勉

中國醫藥大學

台語研究社

創社社員

請大家肯定

台語是有音有字的活用語言

請大家分享

台語的親切語詞，台語的音韻之美

編著者

於台中市 2021 年

目次

編著者的話 ... 16	25 田螺含水過冬 ... 27
	26 親兄弟，明算數
【壹】── 勵志、惜福	27 翁仔某是相欠債
	28 拍虎掠賊親兄弟 ... 28
	29 手曲，屈入無屈出
	30 錢濟事少離厝近
01 老步定 ... 19	31 北港媽祖興四方 ... 29
02 老神在在	32 蕃薯好食免大條
03 有一無兩	33 互相落氣求進步
04 無牛駛馬 ... 20	34 春宵一刻值千金 ... 30
05 大隻雞慢啼	35 無禁無忌食百二
06 愛拼才會贏	36 拍斷手骨顛倒勇
07 見面三分情 ... 21	37 雙雙對對，萬年富貴 ... 31
08 家和萬事興	38 好也一句，歹也一句
09 天公疼戇人	39 乞食也有三年好運
10 行行出狀元 ... 22	40 飽穗的稻仔，頭犁犁 ... 32
11 臭卒仔過河	41 大富由命，小富勤儉
12 流汗較好流瀾	42 做牛著拖，做人著磨
13 食飽較好食巧 ... 23	43 惜花連盆，疼囝連孫 ... 33
14 青盲精，啞口靈	44 山外有山，人外有人
15 狗無嫌主人散	45 鳥鼠入牛角，穩觸觸
16 聽某喙，大富貴 ... 24	46 荏荏馬，也有一步踢 ... 34
17 先生緣，主人福	47 忍氣求財，激氣相刣
18 有一好，無兩好	48 有樣看樣，無樣家己想
19 一个人，一款命 ... 25	49 兄弟若仝心，烏塗變成金 ... 35
20 艱苦頭，快活尾	50 溜溜瞅瞅，食兩蕊目睭 ... 36
21 落塗時，八字命	51 戲棚跤徛久就是你的
	52 富貴財子壽，五福齊全
22 人咧做，天咧看 ... 26	
23 也著神，也著人	
24 三分人，七分妝	53 天頂天公，地面母舅公 ... 37

54 一兼二顧，摸蜊仔兼洗褲	37
55 佇厝靠爸母，出外靠朋友	
56 甘願做牛，毋驚無犁通拖	38
57 人情留一線，日後好相看	
58 有狀元學生，無狀元先生	
59 日頭赤焱焱，隨人顧性命	39
60 讀冊真艱苦，做官好迌迌	
61 有量就有福，食甲老硞硞	
62 輸人毋輸陣，輸陣歹看面	40
63 問路靠喙水，行路靠跤腿	
64 一才情，二牽成，三好運連連	41
65 食果子拜樹頭，食米飯拜田頭	
66 樹頭徛予在，毋驚樹尾做風颱	42
67 匏仔較老做葫蘆， 幼柴浸水生香菇	
68 人生七十才開始，八十滿滿是， 九十無稀奇，一百笑微微	43

【貳】—— 家庭、倫理

01 兩光	45
02 歹育飼	
03 趁食人	
04 搦屎搦尿	46
05 做便老爸	
06 氣囝氣無影	
07 大孫頂尾囝	47
08 論輩無論歲	47
09 賣囝買老爸	
10 是毋是，罵家己	48
11 做娘快，做媌偃	
12 阿媽生囝，公暢	
13 穤穤翁，食袂空	49
14 媒人喙，糊瘰瘰	
15 床頭拍，床尾和	
16 七坐八爬九發牙	50
17 無某無猴，羅漢跤	
18 囡仔人有耳無喙	
19 某大姊，坐金交椅	51
20 了尾仔囝，敗祖產	
21 上冊袂攝，多保重	
22 猶未生囝先號名	52
23 無大無細，無家教	
24 分袂平，拍甲二九暝	
25 好田地不如好子弟	53
26 姻緣到，毋是媒人势	
27 保入房，無保一世人	
28 翁若才情，某就清閒	54
29 有唐山公，無唐山媽	
30 好粿會甜，好某會生	
31 無冤無家，不成夫妻	55
32 爸死路遠，母死路斷	
33 千金買厝，萬金買厝邊	
34 雜唸大家出蠻皮新婦	56
35 大人愛趁錢，囡仔愛過年	57
36 加水加豆腐，加囝加新婦	

【參】── 社會、交遊

37 驚某大丈夫，拍某豬狗牛　　58
38 一个某較好三个天公祖

39 有囝有囝命，無囝天註定　　59
40 一人一家代，公媽隨人祀

41 婿穤無比止，愛著較慘死　　60
42 好囝毋免濟，濟囝餓死爸

43 在生無人認，死了誠大陣　　61
44 敢，就快做媽；悾，就緊做公

45 歹囝也著惜，孝男無地借　　62
46 食甲頭毛白，較想嘛外家

47 雙手抱孩兒，才知爸母時　　63
48 做豬著食潘，做媽愛惜孫

49 講話靈精，放屎糊眠床框　　64
50 後生分田園，查某囝得嫁妝

51 惹熊惹虎，毋通惹著刺查某　　65
52 孽潲囡仔尻川尖尖，坐袂牢

53 收瀾收予焦，生囡仔有屨脬　　66
54 生的請一邊，養的恩情較大天

55 一人看出一家，新婦看出大家　　67
56 拚有過，麻油芳，拚無過，六面枋

57 查埔大到二五，查某大到大肚　　68
58 新烘爐，新茶鈷，燒茶燙舌袂艱苦

59 爸母疼囝長流水，囝疼爸母樹尾風　　69
60 在生食一粒塗豆，較贏死了拜一个豬頭

01 面會　　71
02 綴路
03 煽空

04 組頭　　72
05 車手
06 鬥空

07 肉跤　　73
08 濟話
09 風神

10 盼仔　　74
11 較車
12 歹鬥陣

13 拭尻川　　75
14 換帖的
15 歹剃頭

16 拍拶涼　　76
17 釘孤枝
18 好兄弟

19 鬥跤手　　77
20 田僑仔
21 歹手爪

22 歹剃頭　　78
23 揹壁鬼
24 長尻川

25 相閃車　　79
26 野雞仔車
27 挲圓仔湯

28 攑香綴拜　　80
29 軟塗深掘
30 赤跤仙仔

31 出頭損角	81
32 童乩桌頭	
33 近廟欺神	
34 抹壁雙面光	82
35 無三不成禮	
36 紲壇省紅包	
37 順風揀倒牆	83
38 船破海坐底	
39 十喙九尻川	
40 三國歸一統	84
41 公親變事主	
42 七仔較興八仔	
43 田無交，水無流	85
44 歹囝仔厚瀾頭	
45 捏驚死，放驚飛	
46 人的喙，掩袂密	86
47 徛懸山，看馬相踢	
48 行船走馬三分命	
49 別人的囝死袂了	87
50 十全欠兩味，八珍	
51 目睭看懸，無看低	
52 目睭生佇頭殼頂	88
53 鬼頭鬼腦，全步數	
54 有功無賞，拍破愛賠	
55 做甲流汗，嫌甲流瀾	89
56 做衫無夠，做褲有賰	
57 踏門入戶，欺人太甚	
58 好人勼勼，歹人聳鬚	90
59 墓仔埔放炮，驚死人	

60 強驚雄，雄驚無天良	91
61 八仙過海，各顯神通	
62 隔壁親家，禮數原在	
63 仙拚仙，害死猴齊天	92
64 講人人到，講鬼鬼到	
65 人牽毋行，鬼牽溜溜行	
66 出門看天色，入門看目色	93
67 相拍跤手會，相罵無好話	
68 做戲的欲煞，看戲的毋煞	94
69 有喙講別人，無喙講家己	
70 你看我陪陪，我看你霧霧	95
71 欲來無張持，欲去無相辭	
72 用別人的拳頭拇舂石獅	96
73 頂司管下司，鋤頭管畚箕	
74 嘵潲話講規堆，鬼都攏離開	97
75 豆油分你搵，連碟仔攏捀去	
76 人濟話就濟，三色人講五色話	98
77 交官窮，交鬼死，交員外食落米	
78 棋中不語真君子，起手無回大丈夫	99
79 過橋較濟你行路，食鹽較濟你食米	
80 有緣千里來相會，無緣對面講無話	100

【肆】── 個人、行為

01 摸飛　　　　　　　　102	31 白跤蹄　　　　　　　112
02 嚻俳	32 歹聲嗽
03 臭彈	33 老倒勼
04 伸手　　　　　　　　103	34 不死鬼　　　　　　　113
05 冇開	35 有空無榫
06 孤屘	36 烏魯木齊
07 破相　　　　　　　　104	37 歹戲拖棚　　　　　　114
08 懶屍	38 儉腸凹肚
09 見笑	39 變鬼變怪
10 歹喙　　　　　　　　105	40 三長兩短　　　　　　115
11 阿西	41 膨肚短命
12 阿舍	42 無攬無拈
13 九條　　　　　　　　106	43 想空想縫　　　　　　116
14 白目	44 半桶師仔
15 大細目	45 衰尾道人
16 激派頭　　　　　　　107	46 省事事省　　　　　　117
17 擲抔捔	47 阿里不達
18 厚話屎	48 迌迌囡仔
19 破格喙　　　　　　　108	49 青面獠牙　　　　　　118
20 耳空輕	50 不三不四
21 查某體	51 橫柴入灶
22 厚沙屑　　　　　　　109	52 三角六尖　　　　　　119
23 五四三	53 不答不七
24 老不修	54 褪褲放屁
25 死人面　　　　　　　110	55 七做八毋著　　　　　120
26 拖屎連	56 著傷糊牛屎
27 豆菜底	57 媌人，無媌命
28 落下頦　　　　　　　111	58 共天公借膽　　　　　121
29 使目尾	59 無行，袂出名
30 歕雞胿	60 船過水無痕

【伍】── 飲食、起居

61 紅婚，烏大範　　　　　122
62 歹心烏漉肚
63 曲跤撚喙鬚

64 人未到，聲先到　　　　123
65 坐予正，得人疼
66 屎積到尻川口

67 牛可繚，人不可繚　　　124
68 目瞷金金人傷重
69 馬西馬西，燒酒醉

70 讀冊讀竚尻脊骿　　　　125
71 一滴目屎三斤重

72 無法無天，烏白來　　　126
73 空喙哺舌無路用
74 三心兩意，做無代誌

75 虯閣儉，枵鬼閣雜唸　　127
76 提薑母拭目墘，假哭
77 魚食溪水，人食喙水

78 一日剃頭，三日緣投　　128
79 食飽傷閒，㨂蝨母相咬
80 一錢，二緣，三婚，四少年

81 生食都無夠，哪有通曝乾　129
82 頭大面四方，肚大居財王

83 人不可貌相，海水不可斗量　130
84 乞食神，孝男面，早睏晏精神

01 枵鬼　　　　　　　　　132
02 孝孤
03 窒喙空

04 食腥臊　　　　　　　　133
05 歹喙斗
06 枵飽吵

07 桌頂拈柑　　　　　　　134
08 食飽換枵
09 補冬補喙空

10 食好鬥相報　　　　　　135
11 有食閣有掠
12 腹肚做藥櫥

13 大腸告小腸　　　　　　136
14 食好做輕可
15 食飯皇帝大

16 喙飽目瞷枵　　　　　　137
17 家己刣，趁腹內
18 食袂肥，枵袂瘦

19 王梨頭，西瓜尾　　　　138
20 誠意，淋水也甜
21 講著食，舂破額

22 食飽睏，睏飽食　　　　139
23 豬毋食，狗毋哺
24 看人食米粉，喝燒

25 一樣米飼百樣人　　　　140
26 看有食無，白流瀾
27 恬恬食三碗公半

28 跤手慢鈍，食無份　　　141
29 食人的飯，犯人的問
30 先顧腹肚，才顧佛祖

31 食甲流汗，做甲畏寒	142	10 錢鬼	153
		11 外路仔	
32 食魚食肉，也著菜伮	143	12 綴會仔	
33 骨力食栗，貧惰吞瀾			
34 會曉偷食，袂曉拭喙		13 俗字，歹寫	154
		14 一日三市	
35 有錢食鮑，無錢免食	144	15 有行無市	
36 食爸倚爸，食母倚母			
37 一粒田螺煮九碗公湯		16 死豬仔價	155
		17 了工閣蝕本	
38 一人食一半，感情較袂散	145	18 無錢假大範	
39 食飯食阿爹，趁錢存私奇			
		19 臭柑排店面	156
40 喙閣較焦，也毋通啉鹽水	146	20 熟似趁腹內	
41 有人興燒酒，有人興豆腐		21 錢了人無代	
42 有毛食到棕簑，無毛食到秤錘	147	22 俗物無好貨	157
43 食予飽，穿予燒，較早睏較有眠		23 會食，袂曉算	
		24 知算，毋知除	
44 毋捌食過豬肉，嘛捌看過豬行路	148		
		25 生理花花仔	158
		26 會嫌才會買	
		27 加減趁，較袂散	

【陸】── 生意、理財

		28 食米毋知米價	159
		29 台灣錢，淹跤目	
		30 錢四跤，人兩跤	
01 交關	150		
02 交割		31 艱苦趁，快活開	160
03 漚客		32 一分錢，一分貨	
		33 一个錢拍二四个結	
04 割價	151		
05 死錢		34 鳥喙牛尻川，袂賭	161
06 凍霜			
		35 做生理愛存後步	162
07 吊猴	152	36 孤行獨市，上好趁	
08 坐數		37 火燒罟寮，全無望	
09 崩盤			
		38 三代粒積，一代窮空	163

【柒】—— 動物、植物

39 大月、小月,掠長補短	163
40 三除四扣,賭無佮濟	
41 死坐活食,無欲討趁	164
42 會拍算較贏勢走傱	
43 偷斤減兩,食秤頭	
44 三兩銃仔毋知除	165
45 王祿仔喙,糊瘰瘰	
46 一千賒毋值八百現	
47 驚生驚死,免做生理	166
48 拚生拚死,求名求利	
49 半暝刣豬,天光賣肉	
50 開飯店毋驚人大食	167
51 買賣算分,相請無論	
52 一年換二四个頭家	
53 和氣生財,人客一直來	168
54 買田揀田底,娶某看娘嬭	
55 秧扶牛借,有就割,無就煞	
56 賣茶講茶芳,賣花講花紅	169
57 無賒不成店,賒久就倒店	
58 俗米嫌臭殕,俗蕃薯嫌曲疴	170
59 買賣騙一工,信用拍歹一世人	
60 會曉做的生理,袂曉做的先死	171
61 生理穤,愛收束;景氣好,緊開拓	
62 人無橫財袂富,馬無險草袂肥	172
63 了錢生理無人做,刣頭生理有人做	
64 第一賣冰,第二做醫生, 　 第三開查某間	173
65 第一插選舉,第二起廟寺, 　 第三做兄弟	

01 掠龍	175
02 盹龜	
03 著猴	
04 鱸鰻	176
05 猴囡仔	
06 笑面虎	
07 青盲牛	177
08 牽猴仔	
09 火雞母	
10 雞屎運	178
11 竹雞仔	
12 落屎馬	
13 弄狗相咬	179
14 刣雞教猴	
15 豬狗精牲	180
16 掠龜走鱉	
17 割稻仔尾	
18 濟牛踏無糞	181
19 螺仔叮叮牛角	
20 飼狗咬主人	
21 虎頭鳥鼠尾	182
22 無魚,蝦嘛好	
23 龜跤趖出來	
24 死蛇活尾溜	183
25 放屁安狗心	
26 慢牛厚屎尿	
27 瘠狗春墓壙	184
28 牽豬哥,趁暢	
29 瘦狗卸主人	

30 孤鳥插人群	185
31 病貪髐雞籠	
32 西瓜倚大爿	
33 牛牢內觸牛母	186
34 飼鳥鼠咬布袋	
35 人心不足蛇吞象	
36 豬仔拍死才講價	187
37 猴也會跋落樹跤	
38 真珠看做鳥鼠屎	
39 死豬母驚滾水燙	188
40 杯底毋通飼金魚	
41 狗吠火車，無彩工	
42 死豬鎮砧，歹看相	189
43 鴨母框金嘛扁喙	
44 好額人樹大影大	
45 狗來富，貓來起大厝	190
46 草仔枝也會經倒人	
47 青盲貓咬著死鳥鼠	
48 抾豬屎，拄著豬落屎	191
49 入虎口，無死也烏漚	
50 人若衰，種匏仔生菜瓜	
51 七月半鴨仔，毋知死活	192
52 死貓吊樹頭，死狗放水流	
53 狗母無搖獅，狗公毋敢來	193
54 龜笑鱉無尾，鱉笑龜粗皮	
55 目睭花花，匏仔看做菜瓜	194
56 魚池無魚，三界娘仔做王	
57 第一戇，插甘蔗予會社磅	195
58 揀啊揀，揀著一个賣龍眼	

59 無代無誌，掠一尾蟲攃尻川	196
60 時到時擔當，無米才煮蕃薯湯	
61 豬毋肥肥對狗，稻毋大大對草	197

【捌】── 節令、天候

01 天狗食月	199
02 地牛翻身	
03 正月正時	
04 過年清數	200
05 捲螺仔風	
06 春天後母面	
07 過時賣曆日	201
08 搝著風颱尾	
09 風颱轉回南	
10 雷公仔點心	202
11 清明培墓祭祖	
12 冬節烏，十日籠	
13 送神風，接神雨	203
14 九月颱，無人知	
15 冬節圓，好過年	
16 白露水，較毒鬼	204
17 雷公爍爁瀉大雨	
18 月兔春米過中秋	
19 天落紅雨，馬發角	205
20 大寒不寒，人馬不安	
21 囡仔人尻川三斗火	

【玖】── 勸誡、期勉

22 一日討海，三日曝網　　206
23 三年一閏，好歹照輪
24 貧惰人想啉午時水

25 西北雨，落袂過田岸　　207
26 春分，秋分，暝日平分
27 寒甲欲死，拍狗袂出門

28 冬節月中央，無雪閣無霜　　208
29 甜粿甜過年，發粿趁大錢

30 長工望落雨，乞食望普渡　　209
31 春雺曝死鬼，夏雺做大水
32 人無照天理，天無照甲子

33 田嬰飛規堆，戴笠仔穿棕簑　　210
34 未食五日節粽，破裘毋甘放

35 討海人驚風透，總舖師驚食晝　　211
36 稻仔大肚驚風颱，塗豆採收驚雨來

37 清明無轉厝，無祖；　　212
　　過年無轉厝，無某
38 冬節月頭寒年兜，月底春分鼻水流

39 東爿爍爁無半滴，西爿爍爁走袂離　　213
40 五月芒種雨，六月火燒埔，
　　七月無焦塗

01 好酒沉甕底　　215
02 富不過三代
03 氣死驗無傷

04 惡馬惡人騎　　216
05 拍狗看主人
06 愈醫愈大支

07 暗路毋通行　　217
08 食緊挵破碗
09 食睏無分寸

10 怨生無怨死　　218
11 大樓平地起
12 白白布，染甲烏

13 上轎才欲放尿　　219
14 捾籃仔假燒金
15 爛塗袂使糊壁

16 有喙講甲無瀾　　220
17 騙鬼毋捌食水
18 徛岫雞生無卵

19 生狂狗，食無屎　　221
20 猛虎難抵猴群
21 一枝草，一點露

22 錢無兩个袂霆　　222
23 和尚頭掠蝨母
24 十指伸出，無平長

25 一朝君主一朝臣　　223
26 有錢駛鬼會挨磨
27 掠長補短，求齊全

28 菜蟲食菜，菜跤死　　224
29 雞蛋較密也有縫
30 色字頂頭一支刀

31 攑頭三尺有神明	225
32 三日無餾,跖上樹	
33 會咬人的狗袂吠	
34 雙面刀鬼,無好尾	226
35 欲食胡蠅家己欲	
36 揀食揀穿袂大箍	
37 趁錢有數,性命愛顧	227
38 圓人會扁,扁人會圓	
39 得失土地公,飼無雞	
40 關門著門,講話著看	228
41 食甜食鹹,臭跤鼻臁	
42 一年培墓,一年少人	
43 倖豬夯灶,倖囝不孝	229
44 食人一口,報人一斗	
45 做雞愛筅,做人愛反	
46 寄話會加,寄物會減	230
47 搖人無才,搖豬無刣	
48 顧賊一暝,做賊一更	231
49 緊火冷灶,米心袂透	
50 台灣無三日好光景	
51 袂曉剃頭,拄著鬍鬚	232
52 講一个影,生一个囝	
53 細空毋補,大空叫苦	
54 烏矸仔貯豆油,看袂出	233
55 無尻川肉,毋通食瀉藥	
56 千算萬算,毋值天一劃	
57 勸人做好代,較贏食早齋	234
58 食無一百歲,煩惱規千年	
59 惱氣損身命,樂暢較勇健	235

60 歹心無人知,歹喙上利害	235
61 炁姨順話尾,假童害眾人	236
62 花無百日紅,人無千日好	
63 瞞者瞞不識,識者不相瞞	237
64 相分食有賰,相搶食無份	
65 看人食肉,毋通看人相拍	238
66 燒瓷的食缺,織蓆的睏椅	
67 唐山過台灣,心肝結規丸	239
68 先生驚治嗽,塗水驚掠漏	
69 食毒蹛蹛身軀,跋筊跋久穩輸	240
70 三个新發財,毋值一个了尾仔囝	
71 仙人拍鼓有時錯,跤步踏差誰人無	241
72 做著歹田望下冬,娶著歹某一世人	
73 萬貫家財食三頓,千房萬屋睏一床	242
74 好夢心適緊拍醒,人生得意總有時	
75 林投竹刺毋通交,替人做保是癮頭	243
76 猶未娶某毋通笑人某媱, 　猶未生囝毋通笑人囝袂曉	

【拾】—— 批判、諷刺

01 乞食下大願	245
02 傀面假福相	
03 賊計狀元才	
04 好心予雷唚	246
05 校長兼摃鐘	
06 內神通外鬼	
07 大舌閣興喋	247
08 乞食趕廟公	
09 見笑轉受氣	
10 倩鬼拆藥單	248
11 枵鬼假細膩	
12 胡蠅舞屎桮	
13 歹竹出好筍	249
14 半路認老爸	
15 嚴官府出厚賊	
16 豬頭皮炸無油	250
17 無毛雞，假大格	
18 歹年冬厚痟人	
19 豬母牽去牛墟	251
20 尻川後罵皇帝	
21 死鴨仔硬喙桮	
22 銅牙槽，鐵喙齒	252
23 食碗內，說碗外	
24 乞食身，皇帝喙	
25 刀鈍牽拖肉韌	253
26 家己捧屎抹面	
27 臭尻川，驚人掩	
28 做戲悾，看戲戇	254
29 乞食揹葫蘆，假仙	
30 好頭好面臭尻川	
31 早驚露水暗驚鬼	255
32 好額人乞食性命	
33 六月芥菜假有心	
34 白白米，飼肫龜雞	256
35 膨風水雞剖無肉	
36 一隻牛剝雙領皮	
37 乞食拜墓，卸祖公	257
38 愛婿毋驚流鼻水	
39 歪喙雞食好米	
40 屎緊，褲帶拍死結	258
41 袂曉駛船嫌溪狹	
42 袂曉寫字嫌濟劃	
43 袂生牽拖歹厝邊	259
44 袂泅牽拖羼脬大毬	
45 活活馬，縛佇死樹頭	
46 好好鱟剖甲屎那流	260
47 生雞卵無，放雞屎有	
48 做官清廉，食飯攪鹽	
49 桌頂食飯，桌跤放屎	261
50 死道友，毋通死貧道	
51 大目新娘無看見灶	
52 毋知路閣咧擲頭旗	262
53 歕鼓吹的碌死扛轎的	
54 袂仙假仙，牛羼假鹿鞭	
55 歹瓜厚子，歹人厚言語	263
56 喙空罵翁，喙飽烏白吵	
57 驚跋落屎礐，毋驚火燒厝	264
58 講甲規畚箕，做無一湯匙	
59 睏眠全頭路，睏醒無半步	265

60 四萬換一籠,百姓面攏烏	265
61 敢死驚做鬼,愛食驚油水	266
62 毋去無頭路,欲去無半步	
63 欠錢怨債主,不孝怨爸母	267
64 選舉無師父,用錢買就有	
65 食飯配菜脯,儉錢開查某	268
66 食飯食碗公,做工閃後方	
67 細漢偷挽匏,大漢偷牽牛	269
68 少年袂曉想,食老毋成樣	
69 有錢免煩惱,出庭就交保	270
70 腹肚若水櫃,胸坎若樓梯	
71 一某無人知,兩某相卸代	271
72 有錢人驚死,散食人驚無米	
73 緊紡無好紗,緊嫁無好大家	272
74 食無三把蕹菜,就欲上西天	
75 龍交龍,鳳交鳳,隱痀的交侗戇	273
76 有燒香有保庇,有食藥有行氣	
77 枵雞無畏箠,枵人無惜面底皮	274
78 欲好額等後世,欲做官學做戲	
79 一代親,二代表,三代毋捌了了	275
80 少年放尿漩過溪,老人放尿滴著鞋	
81 臭耳聾聽啞口講青盲的看著鬼	276
82 未曾學行先學飛,未曾披種想挽瓜	277
83 枵貓數想水底魚,枵狗數想豬肝骨	
84 畫虎畫皮無畫骨,知人知面不知心	278
85 別人牽手媠閣巧,阮兜柴耙穤閣嬈	
86 一審重判,二審減半,三審豬跤麵線	279
87 有錢講話會大聲,無錢講話無人聽	
88 一更窮,二更富, 　　三更起大厝,四更拆袂赴	280
89 食予肥肥,激予槌槌, 　　穿予媠媠,等領薪水	
90 徛咧無元氣,坐咧就哈唏, 　　倒咧睏袂去,見講講過去	281

【附錄】

01 人體外觀圖	283
02 人體內部器官圖	284
03 人體骨骼圖	285
04 東石往事 —— 　　1984 年用台語教《論語》	286

編著者的話

編著本書的用意,在鼓勵一群實事求是的年輕朋友——中國醫藥大學台語研究社(學生社團)創社社員。

部分社員曾參加校外衛教服務,到過彰化縣大城鄉台西村幾次以後,覺得言語溝通不太順暢。鄉間長輩不諳國語,都用台語表達,而同學聽、說台語又不流利。同學們正視這個問題,乃籌備、創立這個實用、活用的社團,年輕人這種積極處事的精神,應該給予嘉許。本書也樂意和關心台語、台文推廣的人士,分享台語的親切用語及音韻之美。

本書主要參考書籍是教育部訂頒的《台灣閩南語常用詞辭典》(以下簡稱《教典》)。依此,本書所稱台語就是指閩南語。

本書以條目列舉方式呈現,書上所列俗諺、俚語條目的字形、字義、字音全依《教典》。有些字形在國語字典找不到,在《教典》中都可以查到。「字義」依台語語義,「字音」依《教典》採台語羅馬拼音。本書各條目以外的解說、敘述,也仿照《教典》,使用國文、國語,方便不諳台語的人士閱讀。

台語是台灣鄉土的生活語言、情感語言,生動、活潑有趣,雅俗共賞,所以本書書名為《台語的鄉土口味——俗諺、俚語》。俗諺指民間流傳的俗語,俚語則是民間流傳,但相對比較鄙俗的話語。有些俚語或許難登大雅之堂,但都是底層庶民有話直說的真情流露,本書皆照實收錄。

本書各條目歸類分為十類:一、勵志、惜福。二、家庭、倫理。三、社會、交遊。四、個人、行為。五、飲食、起居。六、生意、理財。七、動物、植物。八、節令、天候。九、勸誡、期勉。十、批判、諷刺。每個條目最上列是台語語詞,其下為台語羅馬拼音,再下為俗諺、俚語分類,最下方則用國語、國文解說。

感謝我的外孫女蔡宜蓁，提供《教典》手機版《台語辭典》，讓我省卻很多摸索的功夫。本書很多俗諺條目都參照《教典》，大部分俗諺、俚語取材自參考書籍或雲林、嘉義地區的俗語，另也經由臉書這個社群媒體，得到許多編著資訊。

我的外孫蔡帛殷在繁重的課業之餘，熱心協助搜集資料，參與校稿的工作。這位台語研究社的創社社員，對本書的編著也奉獻了許多心力。

編著者是年屆八十，退休多年的中學校長，曾在雲林、台東、嘉義服務，兩次獲頒「師鐸獎」。1984 年在嘉義縣東榮國中校長任內，被「趕鴨子上架」用台語教《論語》，開啟我的台語應用之門（參閱：附錄四）。退休後，返鄉擔任北港朝天宮（媽祖廟）志工，悠遊在鄉土文史、北港音腔的台語濃情中。編著本書限於個人閱歷，一定有所缺失，條目取材未能兼顧台灣各地，尚祈　賢達見諒、指正。

為導正台語、台文推展，提出二點和台語研究社同學以及有志之士、讀者諸君共勉：

一、請依照《教典》台語用字、台語羅馬拼音推展台語、台文。語言、文字是溝通工具，約定成俗，大家都依《教典》同心協力推展一段時日之後，台語、台文一定可以更順暢溝通。

二、請戒掉「火星文詞」。台語是有音有字的，請使用《教典》中的台語用字。例如「七逃」應為「迌迌」；「蝦米」應為「啥物」；「呆丸」應為「台灣」；「搖擺」應為「囂俳」；「小二」應為「細膩」；「阿木」應為「阿母」⋯⋯等等，大家一起來消除「台語有音無字」的錯誤印象。

本書印製、出版，承蒙方寸文創顏少鵬先生關心指導，大力協助。島座放送團隊對台語的羅馬拼音、台語語意的漢字使用，表現出專業水準，讓本書更為出色。我家子媳顏子謙醫師、蔡岱玲醫師協助繕打、修正資料。大家都為推展台語正音、正字付出心力，在此一併表示謝意。

01 俚語 老步定

lāu-pōo-tiānn

指老人家老成穩重。

02 俚語 老神在在

lāu-sîn-tsāi-tsāi

「在」,穩。

指人遇到事情,氣定神閒,
神色自若,自信滿滿。

03 俚語 有一無兩

ū-tsi̍t-bô-nn̄g

說一不二。

形容人說話算話,
堅定不移,信用可靠。

04 俚語 無牛駛馬

Bô gû sái-bé

期勉人有時候要遷就現實，
退而求其次，暫且代用。

05 俗諺 大隻雞慢啼

Tuā-tsiah ke bān thî

比喻大器晚成。

06 俗諺 愛拚才會贏

Ài piànn tsiah ē iânn

比喻唯有努力奮鬥，
才能成就一番事業。

07 俚語 見面三分情

Kìnn-bīn sann-hun-tsîng

見面就好說話了。「三分情」，情誼還在。
勸人隔空喊話不如見個面、握個手，疏解前嫌。

08 俗諺 家和萬事興

Ka hô bān-sū hing

家庭和諧就諸事順利，家運興旺。

09 俗諺 天公疼憨人

Thinn-kong thiànn gōng-lâng

「戇人」，呆子、傻子。亦指土直的老實人。
老天爺疼愛憨厚老實的人。

註：土直（thóo-tit），形容一個人個性率真、剛直，不會深思熟慮，不會拐彎抹角。

10 行行出狀元 (俗諺)

Hâng hâng tshut tsiōng-guân

「狀元」，榜首。現在考試中的第一名。
各行各業都有出類拔萃、頂尖的傑出人才。

11 臭卒仔過河 (俚語)

Tshàu-tsut-á kuè-hô

比喻只有勇往直前，沒有退路。

12 流汗較好流瀾 (俗諺)

Lâu-kuānn khah hó lâu-nuā

「流瀾」，流口水。
辛勤工作流汗，比空口說白話流口水要好。
鼓勵人多動手、少動口。

13 俚語 食飽較好食巧

Tsiáh-pá khah hó tsiáh-khá

平日吃飽總比偶爾吃珍饈美味好。

14 俗諺 青盲精，啞口靈

Tshenn-mê tsing, é-káu lîng

「青盲」，瞎子。「啞口」，啞巴。

眼盲的人特別精明；啞巴的反應特別靈敏。要人尊重殘疾人士，上天對五官缺陷的人，賦予另一種才能。

15 俚語 狗無嫌主人散

Káu bô hiâm tsú-lâng sàn

「散」，貧窮。

狗對主人忠誠，不會嫌棄主人貧窮。
語意同「兒不嫌母醜」，反諷人的無情無義。

16 俗諺 聽某喙，大富貴

Thiann bóo tshuì, tuā hù-kuì

聽太太的話，可以大富大貴。

期勉丈夫尊重、接納太太的意見，
兩人可以更和諧、順利。

17 俚語 先生緣，主人福

Sian-sinn iân, tsú-lâng hok

「先生」，指醫生。

醫師、患者相逢是緣分，
治好病是患者的福報。
通常是醫師對患者自謙的用語。

18 俗諺 有一好，無兩好

Ū tsit hó, bô nn̄g hó

福無雙至，幸運不可能全部落在一個人身上。
勸人要知足常樂。

19 俗諺 一个人，一款命

Tsit ê lâng, tsit khuán miā

人的際遇各不相同，不用怨天尤人。

20 俗諺 艱苦頭，快活尾

Kan-khóo thâu, khuìnn-uah bué

先苦後甘，苦盡甘來。

21 俗諺 落塗時，八字命

Loh-thôo-sî, peh-jī miā

「落塗時」，出生時。「八字」，指生辰八字。
比喻人的命運是天生註定的。
多用來自我安慰或安慰他人「命中注定」。

22 俗諺

人咧做，天咧看

Lâng teh tsò, thinn teh khuànn

「舉頭三尺有神明」。

勸人不可以做虧心事，
上天會給報應的。

23 俚語

也著神，也著人

Iā tio̍h sîn, iā tio̍h jîn

人助；天助。

通常指病患看醫生，同時也求神問卜。
親友為病患安慰、加油打氣的話。

24 俗諺

三分人，七分妝

Sann hun lâng, tshit hun tsng

比喻人要衣裝，佛要金裝。

25 俗諺 田螺含水過冬

Tshân-lê kâm tsuí kuè tang

比喻窮人忍耐撐過難關，等待時機。

26 俚語 親兄弟，明算數

Tshin hiann-tī, bîng sǹg-siàu

「算數」，算帳。

親兄弟分家後金錢往來要說明白，
以免為了錢而有傷和氣。

27 俗諺 翁仔某是相欠債

Ang-á-bóo sī sio-khiàm-tsè

「翁」，丈夫。

夫妻是前生前世相欠債的，今生是來還債的。
勉勵夫妻要能互相體諒、包容，扶持家庭。

28 俗諺 拍虎掠賊親兄弟

Phah hóo liȧh tshȧt tshin hiann-tī

「拍」，打、擊。

比喻兄弟之情最為可靠。

29 俚語 手曲，屈入無屈出

Tshiú-khiau, khut-jip bô khut-tshut

「手曲」，整個手臂彎曲起來。

「胳臂向內彎」，指有好處先照顧自己人。

30 俗諺 錢濟事少離厝近

Tsînn tsē, sū tsió, lī tshù kīn

「濟」，多。

錢多事少又離家近。

形容非常理想的工作環境。

31 俗諺 北港媽祖興四方

Pak-káng má-tsóo hing sì-hng

「四方」，東、西、南、北。泛指四處各地。
北港媽祖廟是台灣媽祖信仰重鎮，
分靈各地，澤被四方。

32 俚語 蕃薯好食免大條

Han-tsî hó-tsiah bián tuā-tiâu

「蕃薯」，地瓜。
比喻真材實料才是最重要的。

33 俗諺 互相落氣求進步

Hōo-siong làu-khuì, kiû tsìn-pōo

形容不傷和氣下互掀短處，
能各自檢討，是彼此求進步的方法。

34 俗諺 春宵一刻值千金

Tshun-siau it khik tit tshian-kim

「千金」，表示很多錢、很有價值。
歡樂的時光是美好、可貴的。
勸人把握青春年華，不可虛擲光陰。

35 俗諺 無禁無忌食百二

Bô kìm bô khī, tsia̍h pah-jī

百無禁忌，反而活得長壽。
「童言無忌」，更不用計較，心地自然舒坦。

36 俗諺 拍斷手骨顛倒勇

Phah tn̄g tshiú-kut tian-tò ióng

勉勵人不畏困難、挫折，有志者事竟成。

37 俗諺 雙雙對對，萬年富貴

Siang-siang tuì-tuì, bān nî hù-kuì

吉祥祝福常用的話。
常用在祝福新婚夫妻，
白頭偕老，同享榮華富貴。

38 俗諺 好也一句，歹也一句

Hó iā tsi̍t kù, pháinn iā tsi̍t kù

勸人說話要把握份際。
不要尖酸苛薄、出口傷人，
一句話可能會影響人一輩子。

39 俗諺 乞食也有三年好運

Khit-tsia̍h iā ū sann nî hó-ūn

比喻「風水輪流轉」。
勉勵人力爭上游，總有苦盡甘來的日子。

40 俚語 飽穗的稻仔，頭犁犁

Pá-suī ê tiū-á, thâu lê-lê

「犁犁」，低頭狀。

比喻有真材實料的人，大多謙虛處世。
用來告誡趾高氣揚、不可一世的人。

41 俗諺 大富由命，小富勤儉

Tuā-hù iû miā, sió-hù khîn-khiām

大富由命中注定；
小富之家靠的是勤、儉，累積而來的。

42 俗諺 做牛著拖，做人著磨

Tsò gû tioh thua, tsò lâng tioh buâ

勉勵人要敬業樂業，「吃得苦中苦，方為人上人」。

43 俗諺 **惜花連盆,疼囝連孫**

Sioh hue liân phûn, thiànn kiánn liân sun

比喻「愛屋及烏」,愛子疼孫。

44 俚語 **山外有山,人上有人**

San guā iú san, jîn siōng iú jîn

勸人不要自傲自大,不可目中無人。

45 俚語 **鳥鼠入牛角,穩觸觸**

Niáu-tshí jip gû-kak, ún-tak-tak

「穩觸觸」,篤定、可靠,十拿九穩。

比喻水到渠成,成功在望。

46 俚語 茌茌馬，也有一步踢

Lám-lám bé, iā ū tsı̇t pōo that

沒精神、懶得動的馬，還是會用腳踢人。
比喻「天生我材必有用」。

47 俗諺 忍氣求財，激氣相刣

Lún-khì kiû-tsâi, kik-khì sio-thâi

「相刣」，互相廝殺。
忍氣才能成事，意氣用事可能招致紛擾、甚至廝殺。
比喻「和氣生財」才是生存之道。

48 俗諺 有樣看樣，無樣家己想

Ū iūnn khuànn iūnn, bô iūnn ka-kī siūnn

「家己」，自己。
有好的榜樣就多學，不然的話，
就自己努力多用心思量，謀求對策。

49 俗諺 兄弟若仝心,烏塗變成金

Hiann-tī nā kāng-sim, oo-thôo piàn-sîng kim

「兄弟同心,其利斷金」。

比喻兄弟同心協力,可以成就很多事業。

50 (俚語) 溜溜瞅瞅，食兩蕊目睭

Liu-liu-tshiu-tshiu, tsiȧh nn̄g luí bȧk-tsiu

「溜溜、瞅瞅」，眼神。

指人有眼觀四面、耳聽八方，
察言觀色、謹慎從事的好眼光。

51 (俗諺) 戲棚跤徛久就是你的

Hì-pênn kha khiā kú tō sī lí ê

「徛」，站立。

勸人做事要有耐心，
持之以恆，成功必屬於你的。

52 (俗諺) 富貴財子壽，五福齊全

Hù-kuì tsâi-tsú-siū, ngóo-hok tsê-tsuân

「五福齊全」，形容人生幸福美滿，
福星高照。

53 俗諺 天頂天公，地面母舅公

Thinn-tíng thinn-kong, tē-bīn bú-kū-kong

或說「天頂上大是天公；地面上大母舅公」。
台灣同閩南習俗：婚慶，母舅坐主桌「大位」。
註：上大（siāng tuā），最大。

54 俗諺 一兼二顧，摸蜊仔兼洗褲

It kiam jī kòo, bong lâ-á kiam sé khòo

「下水摸蜊仔，又順便洗洗褲子」。
比喻人設想周全，能瞻前顧後，取得利益又能額外撈些好處。
註：蜊仔（lâ-á），蜆。

55 俗諺 佇厝靠爸母，出外靠朋友

Tī tshù khò pē-bú, tshut-guā khò pîng-iú

勉勵人在家要感恩父母，
在外要多結交益友，互相扶持。

56 俚語 甘願做牛,毋驚無犁通拖

Kam-guān tsò gû, m̄ kiann bô lê thang thua

勉勵人要腳踏實地、努力從事,
不怕找不到謀生的工作。

57 俗諺 人情留一線,日後好相看

Jîn-tsîng lâu tsi̍t suànn, ji̍t-āu hó sio-khuànn

比喻與人為善,好來好去。
凡事要預留餘地,日後好再續前緣。

58 俗諺 有狀元學生,無狀元先生

Ū tsiōng-guân ha̍k-sing, bô tsiōng-guân sian-sinn

「先生」,老師。

「青出於藍,而勝於藍」。
很多學生努力不懈,成就凌駕老師之上,
成為行業中的「狀元」。

59 俗諺
日頭赤焱焱，隨人顧性命

Ji̍t-thâu tshiah-iānn-iānn, suî lâng kòo sènn-miā

「赤焱焱」，熱烘烘。
太陽熱烘烘，烈日下各人走避照顧自己。
比喻在危急、緊要關頭，自顧不暇，
沒人扶持，各個人各自珍重。

60 俗諺
讀冊真艱苦，做官好迌迌

Tha̍k-tsheh tsin kan-khóo, tsò-kuann hó tshit-thô

「讀冊」，讀書。「迌迌」，遊玩。
期勉讀書人「學而優則仕」，
可以宦遊天下。

61 俗諺
有量就有福，食甲老硞硞

Ū-liōng tō ū hok, tsia̍h kah lāu-khok-khok

「老硞硞」，很老很硬朗。
「施比受更有福」，
肚量大的人會延年益壽。

62 俗諺 輸人毋輸陣,輸陣歹看面

Su lâng m̄ su tīn,
su tīn pháinn-khuànn bīn

「陣」,一個群體。

指在團體中成績殿後是很沒面子的。
用來鼓勵人奮發向前、力爭上游、不落人後。

63 俗諺 問路靠喙水,行路靠跤腿

Mn̄g-lōo khò tshuì-suí,
kiânn-lōo khò kha-thuí

「喙水」,嘴巴甜、有禮貌。

出門問路嘴巴要甜、要有禮貌,
走路就得靠雙腳腿勁了。

64 俗諺

一才情,二牽成,三好運連連

It tsâi-tsîng, jī khan-sîng, sann hó-ūn-liân-liân

指人生成功的條件:
一要自己有才華、有本事;
二要有貴人提拔、栽培;三要有很好的機運。

65 俗諺

食果子拜樹頭,食米飯拜田頭

Tsia̍h kué-tsí pài tshiū-thâu, tsia̍h bí-pn̄g pài tshân-thâu

或說「食果子拜樹頭,飲泉水思源頭」。
提醒人要飲水思源,心存感恩不要忘本。

66 俗諺

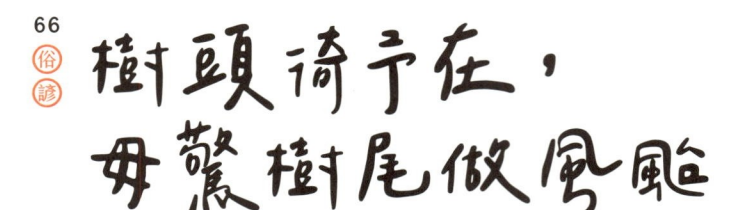

樹頭徛予在，
毋驚樹尾做風颱

Tshiū-thâu khiā hōo tsāi,
m̄ kiann tshiū-bué tsò-hong-thai

「徛」，站立。

樹頭扎根穩固，不怕颱風侵襲、搖晃樹梢。
比喻人行事端正，不怕外界閒言閒語。

67 俗諺

匏仔較老做葫蘆，
幼柴浸水生香菇

Pû-á khah lāu tsò hôo-lôo,
iù-tshâ tsìm tsuí senn hiunn-koo

原意指物盡其用。

比喻「天生我才必有用」，但要能活用。

68 俗諺

人生七十才開始，
八十滿滿是，
九十無稀奇，
一百笑微微

Jîn-sing tshit-tsa̍p tsiah khai-sí,
peh-tsa̍p muá-muá-sī,
káu-tsa̍p bô hi-kî,
tsi̍t-pah tshiò-bi-bi

比喻高齡化社會，長壽是正常現象，不足為奇。

貳 — 家庭、倫理 — no. 34

雜唸大家出蠻皮新婦
Tsap-liām ta-ke tshut bân-phuê sin-pū

CHAPTER 2

01 俚語 兩光

lióng-kong

形容人精神渙散、漫不經心。

新解：鄉間老人家當了內公、外公，開玩笑自嘲現在是「兩光（公）」。

02 俚語 歹育飼

pháinn-io-tshī

不容易扶養。

指小孩子多病，身體不好。

03 俚語 趁食人

thàn-tsia̍h-lâng

靠辛苦賺錢維持家計的升斗小民。

04 俚語 搦屎搦尿

lak-sái-lak-jiō / lak-sái-lak-liō

「搦」，用手清理。

形容養育小孩照顧的辛勞。

05 俚語 做便老爸

tsò piān-lāu-pē

「便」，撿現成的。

有非婚生子女（不指養子、養女）的男人。

06 俗諺 氣囝氣無影

Khì kiánn khì bô iánn

「囝」，兒女、孩子。

對兒女發脾氣，不要真動肝火，
以免傷了親情。

07 俗諺 大孫頂尾囝

Tuā-sun tíng bué-kiánn

「大孫」，長孫。長孫頂替祖父最小的兒子。

台灣習俗，祖父的遺產有長孫的一份。
殯葬禮儀，長孫同父叔輩服喪。

08 俗諺 論輩無論歲

Lūn puè bô lūn huè

「輩」，輩份。

指家族、親戚依輩份排序，
長幼有序，而不是依年紀大小排序。

09 俚語 賣囝買老爸

Bē kiánn bé lāu-pē

形容取捨不當、本末倒置的買賣行為。

10 俚語 是毋是,嚴家己

Sī m̄ sī, mē ka-kī

「家己」,自己。

期勉人嚴以律己。
和人摩擦,不管對錯,先檢討自己。

11 俗諺 做娘快,做嫺僫

Tsò niû khuài, tsò kán oh

「嫺」,查某嫺,即婢女、丫鬟。

要當被侍候的娘娘、小姐很容易,
當侍候人的僕人、丫鬟就不容易了。意思是「下人難為」。

註:查某(tsa-bóo),女人、女性、女生。

12 俚語 阿媽生囝,公暢

A-má senn kiánn, kong thiòng

「公暢」,歇後語。原意是「阿公很高興」。

「公(kong)」諧音字「講(kóng)」。「阿媽」,祖母、奶奶。
「講暢」,講一些讓人高興的話,即「講爽的」。

13 俚語 䆀䆀翁,食袂空

Bái-bái-ang, tsiah bē khang

「䆀」,醜。「翁」,丈夫。
妻子謙稱丈夫不怎麼英俊,
但一輩子衣食無缺。

14 俚語 媒人喙,糊瘰瘰

Muê-lâng-tshuì, hôo-luì-luì

「糊瘰瘰」,說話誇張、矯飾。
媒人為撮合婚姻,說話往往誇張、矯飾,
不一定句句真實。

15 俗諺 床頭拍,床尾和

Tshn̂g-thâu phah, tshn̂g-bué hô

在床頭打架,到床尾就和好了。
形容夫妻難免鬥嘴、爭吵,
等一下就和好了。

16 俗諺 七坐八爬九發牙

Tshit tsē peh pê káu huat-gê

嬰兒七個月學會坐,八個月學會爬行,
九個月就長牙齒了。

17 俚語 無某無猴,羅漢跤

Bô-bóo-bô-kâu, lô-hàn-kha

「無某無猴」,沒有太太、沒有子女,即「單身漢」。
「羅漢跤」是歇後語。
指成年男子,仍未結婚的單身漢,
又作「十一哥」、「老光棍」。

18 俚語 囡仔人有耳無喙

Gín-á-lâng ū hīnn bô tshuì

「囡仔人」,小孩子。
小孩子「有耳沒嘴」,
大人講話不要插嘴。

19 俗諺

某大姊,坐金交椅

Bóo-tuā-tsí, tsē kim kau-í

「某大姊」,指太太的年齡比丈夫大。
比喻娶了年齡比自己還大的妻子,
有成熟穩重的賢內助扶持,享福不盡。

20 俚語

了尾仔囝,敗祖產

Liáu-bué-á-kiánn, pāi tsóo-sán

「了尾仔囝」,敗家子。
「敗祖產」是歇後語。
指不務正業、傾家蕩產的敗家子孫。

21 俚語

上卌袂攝,多保重

Tsiūnn-siap-bē-liap / Tsiūnn-siap-buē-liap, to pó-tiōng

「卌」,四十。「攝」,憋住、強忍住。
「多保重」是歇後語。年過四十,少了青年意氣風發的衝勁,
有些身體機能不聽使喚,要多保重。

22 俚語 猶未生囝先號名

Iáu-buē senn-kiánn sing hō-miâ

「猶未」，尚未、還沒有。「號名」，命名、取名。
還沒生小孩就先命名。還沒發生的事情，指人憑空臆造。
但夫婦「超前部署」，尚未生子先命名，
在現代社會是很正常的現象。

23 俚語 無大無細，無家教

Bô-tuā-bô-suè, bô ka-kàu

沒大沒小，不知長幼有序，
指家庭教育沒有做好。

24 俚語 分袂平，拍甲二九暝

Pun bē pênn, phah kah jī-káu-mê

「拍」，打。「二九暝」，除夕、大年夜。
財產分給兒孫不公平，可能在除夕吃年夜飯都會打架。
形容做事不公平，會引發紛爭。

25 俗諺 好田地不如好子弟

Hó tshân-tē put-jû hó tsú-tē

「好田地」，好的田產、土地，形容家財很多。
比喻有萬貫家財，不如有傑出、優秀的子弟。

26 俗諺 姻緣到，毋是媒人勢

In-iân kàu, m̄ sī muê-lâng gâu

「勢」，能幹、有本事。
男女成親後媒人常說的客氣話。
指姻緣天註定，時機一到就水到渠成。

27 俗諺 保入房，無保一世人

Pó jip pâng, bô pó tsit-sì-lâng

指媒人撮合男女成婚就功成身退，
沒辦法保證一輩子。

28 俗諺 翁若才情，某就清閒

Ang nā tsâi-tsîng, bóo tō tshing-îng

即「妻以夫貴」。

丈夫若能力好、有本事，
妻子就可以悠閒自在。

29 俗諺 有唐山公，無唐山媽

Ū tn̂g-suann kong, bô tn̂g-suann má

「唐山」，指中國大陸。「媽」，祖母。

早期先民來台墾荒，孑然一身，
多與平埔族原住民女子通婚生育後嗣，
故有此俗諺。

30 俗諺 好粿會甜，好某會生

Hó kué ē tinn, hó bóo ē sinn

「粿」，指甜粿（甜糕）。「某」，妻子。

讚譽好太太很會生兒育女。

31 俗諺 無冤無家,不成夫妻

Bô uan bô ke, put sîng hu-tshe

同「不是冤家不聚首」。
夫妻難免鬥嘴爭吵,要互相體諒,珍惜緣分。

32 俗諺 爸死路遠,母死路斷

Pē sí lōo hn̄g, bú sí lōo tn̄g

婚嫁在外的子女,於父親死後,回家的路好像變遠,而較少返回;母親死了,回家的路更遠、甚至斷了。
比喻母愛恩澤長遠,子女孺慕情深。

33 俗諺 千金買厝,萬金買厝邊

Tshian kim bé tshù, bān kim bé tshù-pinn

「買厝」,買房屋。「厝邊」,鄰居。
形容敦親睦鄰的重要,里仁為美是人人稱羨的。

34 俗諺 雜唸大家 出蠻皮新婦

Tsa̍p-liām ta-ke tshut bân-phuê sin-pū

「蠻皮」，固執、無論如何打罵依然故我。
「大家」，婆婆。「新婦」，媳婦。

婆婆嘮叨久了，媳婦聽慣後就不在乎責罵。

35

大人愛趁錢，囡仔愛過年

Tuā-lâng ài thàn-tsînn,
gín-á ài kuè-nî

「趁錢」，賺錢。「過年」，指農曆過年。

大人喜歡賺錢，小孩子喜歡過年。
指各有所好，皆大歡喜。

36

加水加豆腐，加囝加新婦

Ke tsuí ke tāu-hū,
ke kiánn ke sin-pū

「加」，增益、添加。「囝」，指兒子。

傳統家族認為「多子多孫多福氣」，
「子孫滿堂」是家族興旺的象徵。

37 俗諺 驚某大丈夫，拍某豬狗牛

Kiann bóo tāi-tiōng-hu,
phah bóo ti káu gû

有作為的丈夫要禮遇、尊重妻子，
打太太的人就如同牲畜。
比喻「家和萬事興」。

38 俗諺 一个某較好三个天公祖

Tsit ê bóo khah hó
sann ê Thinn-kong-tsóo

「天公祖」，老天爺。

一個好老婆、賢內助，勝過三個老天爺的保佑。
比喻「太太至上」，好太太。

39 俗諺

有囝有囝命，無囝天註定

Ū kiánn ū kiánn miā,
bô kiánn thinn-tsù-tiānn

「命」，天命，是一種宿命的思想。
指生兒育女都是上天注定的。
常藉此俗諺來安慰不孕夫妻，隨遇而安。

40 俗諺

一人一家代，公媽隨人祀

Tsit lâng tsit ke tāi,
kong-má suî lâng tshāi

「祀」，設立神佛、祖先牌位。
各人家庭的祖先牌位，各自供奉。
狹義指兄弟分家後，各管各的事，各自負責。

41 俗諺 媠穤無比止,愛著較慘死

Suí bái bô pí tsí,
ài--tio̍h khah-tshám sí

「媠」,美。「穤」,醜。
形容「情人眼中出西施」,
彼此中意、愛情才是最重要的。

42 俗諺 好囝毋免濟,濟囝餓死爸

Hó kiánn m̄-bián tsē,
tsē kiánn gō-sí pē

「濟」,多。
能知孝順的兒子不用多,
不知孝順的兒子,再多也沒用,
父母沒人奉養,可能會餓死。

43
俚語

在生無人認，死了誠大陣

Tsāi-senn bô lâng jīn,
sí-liáu tsiânn tuā tīn

「誠」，很、非常。「大陣」，一大群人。

在世時沒人服侍、奉養，
死後冒出一大群人爭奪遺產。
鄰里譏諷不肖子孫。

44
俚語

敢，就快做媽；悾，就緊做公。

Kánn, tō khuài tsò má;
khong, tō kín tsò kong

「媽」，祖母。「公」，祖父。

叫人放膽去做，結婚生子，
生男生女不用計較，
很快就會升格當祖母、祖父。

45 俚語 歹囝也著惜，孝男無地借

Pháinn-kiánn iā tio̍h sioh,
hàu-lâm bô tè tsioh

「歹囝」，浪蕩子。「孝男」，孝子、為父母服喪的兒子。

遊蕩不幹正事的兒子，也要疼惜、教誨，
因為將來為父母服喪的「孝男」是無法借用的。

46 俗諺 食甲頭毛白，較想嘛外家

Tsia̍h kah thâu-mn̂g pe̍h,
khah siūnn mā guā-ke

「頭毛」頭髮。「外家」，娘家。

出嫁多年，頭髮都蒼白了，還是常常想念娘家。
比喻血緣、親情，是無法割捨的，
會讓人心懷感恩，念念不忘。

47 俗諺 雙手抱孩兒，才知爸母時

Siang-tshiú phō hâi-jî,
tsiah tsai pē-bú sî

自己雙手抱著孩子時，才想起當年父母養育的辛勞。
期勉人要知道感恩父母、孝順父母。

48 俗諺 做豬著食潘，做媽愛𤆬孫

Tsò ti tio̍h tsia̍h phun,
tsò má ài tshuā sun

「潘」，餿水、廚餘。「媽」，祖母。
形容長輩抱孫心切的期盼，
祖母帶孫子安享含飴弄孫的樂趣。

49 俚語 講話靈精，放屎糊眠床框

Kóng-uē lîng-tsing,
pàng-sái kôo bîn-tshn̂g-khing

「眠床框」，床沿、床邊。

小孩子靈巧活潑，話說得頭頭是道。
但仍須父母協助處理拉屎拉尿的事情。

50 俗諺 後生分田園，查某囝得嫁妝

Hāu-senn pun tshân-hn̂g,
tsa-bóo-kiánn tit kè-tsng

「後生」，兒子。「查某囝」，女兒。

長輩留下來的耕地、園圃都分給兒子，
嫁出去的女兒得到的只有陪嫁的財、物。
這是早期農村平凡家庭處理財物的習俗。現在依法，兒子、女兒
都有繼承權，但從農村嫁出去的女兒，仍有人拋棄繼承。

51 俗諺

惹熊惹虎，
毋通惹著刺查某

Jiá hîm jiá hóo,
m̄-thang jiá-tio̍h tshiah-tsa-bóo

「刺查某」，母老虎、凶悍的女人。

期勉人要尊重女性，尤其注意不要招惹凶悍的女人，否則很難全身而退。

52 俚語

孽潲囡仔尻川尖尖，
坐袂牢

Gia̍t-siâu gín-á kha-tshng tsiam-tsiam,
tsē bē tiâu

「孽潲」，頑皮。「囡仔」，小孩子。「尻川」，屁股。
「坐袂牢」，坐不住、做不了多久。

指頑皮的小孩子，屁股好像尖尖的，坐不了多久。
「坐袂牢」是歇後語。

53 俗諺 收瀾收予焦，生囝仔有羼脬

Siu-nuā siu hōo ta,
senn gín-á ū lān-pha

「瀾」，口水、唾液。「羼脬」男性的陰囊。
台灣民俗：嬰兒四個月時，胸前掛「收瀾餅」，
本條俗諺是吃餅的人回敬的吉祥話。
意思是祝福生小孩生個壯丁（有羼脬）。

54 俗諺 生的請一邊，養的恩情較大天

Senn--ê tshiánn tsit pinn,
ióng--ê un-tsîng khah tuā thinn

「生的」，生父母。「養的」，養父母。
勉勵人要感恩生父、生母，更要感恩養父、養母多年的扶養，
因為這養育之恩比天還高。

55 俗諺

一人看出一家，新婦看出大家

**Tsit lâng khuànn-tshut tsit ke,
sin-pū khuànn-tshut ta-ke**

「新婦」，媳婦。「大家」，婆婆、丈夫的母親。

從一個人的言行表現，就可以看出這個家庭的教養、門風。

56 俚語

拚有過，麻油芳，拚無過，六面枋

**Piànn ū kuè muâ-iû-phang,
piànn bô kuè la̍k bīn pang**

「六面枋」，六面木板，指棺木。

指母親生產順利，產後坐月子麻油飄香，
若不幸難產，可能就躺進棺木。
俗云：孩子的生日，就是「母難日」。

57 俚語 查埔大到二五，查某大到大肚

Tsa-poo tuā kàu jī-gōo,
tsa-bóo tuā kàu tuā-tōo

身心發育，男人到二十五歲、
女人到懷孕生子都已經成熟了。

含義是男女已長大成年，
可以生兒育女、成家立業了。

58 俚語 新烘爐，新茶鈷，燒茶燙舌袂艱苦

Sin hang-lôo, sin tê-kóo,
sio-tê thǹg tsi̍h bē kan-khóo

喝熱茶燙到舌頭都不叫苦。
形容新婚夫妻如膠似漆的恩愛生活。

59 俗諺

爸母疼囝長流水，囝疼爸母樹尾風

Pē-bú thiànn kiánn tn̂g lâu-tsuí,
kiánn thiànn pē-bú tshiū-bué hong

父母疼愛子女如江水長流，子女孝敬父母有如樹梢的風，風來就動，風止就停了。

60 俚語

在生食一粒塗豆，較贏死了拜一个豬頭

Tsāi-senn tsia̍h tsi̍t lia̍p thôo-tāu,
khah iânn sí-liáu pài tsi̍t ê ti-thâu

「塗豆」，花生。

在世時吃一粒花生，好過死後用一個豬頭被人祭拜。告誡子女要及時孝敬父母，而非死後擺祭拜排場。

參　社會、交遊　no. 59

墓仔埔放炮，驚死人
Bōng-á-poo pàng-phàu, kiann-sí-lâng

CHAPTER 3

01 俚語 面會

biān-huē

會面、見面。

通常用在到軍中、
學校或監獄面見相關的人。

02 俚語 綴路

tuè-lōo

緊跟在後面,
即「跟屁股」、「跟屁蟲」。

03 俚語 煏空

piak-khang

即「東窗事發」。
指不為人知的事情敗露。
通常指違紀、不法的情事。

04 俚語 組頭

tsoo-thâu

台灣民間賭博的莊家。
如「六合彩」、「大家樂」、「選舉賭盤」的頭頭，
是不法的行為。

05 俚語 車手

tshia-tshiú

原意是車的把手。
現在是黑話，指詐騙集團中負責取錢、
運送的不法分子。

06 俚語 鬥空

tàu-khang

即「狼狽為奸」。
串通、勾結，通常指同謀做損人的事情。

07 俚語 肉跤

bah-kha

行為軟弱、能力不足的人。
帶有譏諷意味、輕視對手的語言。

08 俚語 濟話

tsē-uē

多嘴、多話。
貶指一個人話太多、愛搬弄是非。

09 俚語 風神

hong-sîn

愛現、炫耀。
形容說話誇張、喜歡炫耀
又愛出風頭的人。

10 俚語 盼仔

phàn-á

笨蛋、傻瓜。或稱「宋盼」。
指不夠精明、不通人情世故，
容易被騙的人。

11 俚語 較車

kà-tshia

飆車。
超速、違規的駕駛行為，
違法也常發生車禍。

12 俚語 歹鬥陣

pháinn-tàu-tīn

「鬥陣」，結伴、偕同、在一起。
指人不合群，很難和他人共處、同事。

13 拭尻川

tshit-kha-tshng

「尻川」，屁股。本指大便後擦屁股。
引申為替別人擦屁股，
出面替人收拾殘局。

14 換帖的

uānn-thiap--ê

「換帖」，交換庚帖，結為異姓兄弟。
早期台灣民間很盛行的
「結拜兄弟」、「拜把兄弟」。

15 歹羔頭

pháinn-tshuā-thâu

「羔」，帶領、引導。「羔頭」，帶頭。
即壞榜樣，不好行為的帶頭者。

16 俚語 拍捫涼

phah-lā-liâng

閒扯、講風涼話，
沒有主題的隨興閒聊。

17 俚語 釘孤枝

tìng-koo-ki

即「單挑」，
雙方都是一人出戰。

18 俚語 好兄弟

hó-hiann-tī

好朋友。交情深厚的朋友，稱兄道弟，如同一家人。
另「好兄好弟」指孤魂野鬼，
台灣習俗祭拜孤魂野鬼叫「拜好兄弟仔」。

19 鬥跤手
tàu-kha-tshiú

「跤」,腳。
幫忙,幫助別人做事或解決困難。

20 田僑仔
tshân-kiâu-á

土財主。
指擁有很多地產,
靠地價暴漲致富的人。

21 歹手爪
pháinn-tshiú-jiáu

原意指手爪受傷行動不便。
現在指手腳不乾淨、有偷竊習慣的人。

22 俚語 歹剃頭

pháinn-thì-thâu

形容人難與人相處,
或事情很棘手、難應付。

23 俚語 摸壁鬼

mooh-piah-kuí

緊靠牆壁游移、默不作聲的鬼。
形容人不聲不響的突然出現,
使人嚇了一跳,或簡稱「摸壁」。

24 俚語 長尻川

tn̂g-kha-tshng

「尻川」,屁股。
一坐下就忘了起來,
形容閒聊沒完沒了。

25 俚語 相閃車

sio-siám-tshia

錯車、會車。
車輛相向行駛交會而過。

26 俚語 野雞仔車

iá-ke-á-tshia

不合法的載客汽車，或簡稱「野雞車」。
也指非法的客運汽車或「白牌」計程車。

27 俚語 挲圓仔湯

so-înn-á-thng

本意是指搓湯圓。現在多指「圍標」、「圍事」。
多人爭取職位或競標工程等，以利益交換勸退其他競爭者，
以便獨得或減少競爭。
台灣地方選舉「挲圓仔湯」情事，時有傳聞。

28 俚語 攑香綴拜

giȧh-hiunn-tuè-pài

「攑」，舉、拿。「綴」，跟、隨。
拿著香跟著拜。
形容跟著別人行動，有樣學樣。

29 俚語 軟塗深掘

nńg-thôo-tshim-kút

本意是用鋤頭掘地翻土，軟土要深掘。
引申為欺負好人，而且欺人太甚。

30 俚語 赤跤仙仔

tshiah-kha-sian-á

即密醫、蒙古大夫。
指沒有醫師執照，
違法替人看診、施藥的人。

31 俚語 出頭損角

tshut-thâu sńg-kak

近似詞「樹大招風」。
比喻愛出風頭的人，
容易招惹到麻煩。

32 俚語 童乩桌頭

tâng-ki toh-thâu

「童乩」，乩童、替人求神問卜，傳達神旨的人。
「桌頭」，在神桌旁邊幫乩童解說傳話的人。

形容互為搭配，一搭一唱的哥倆好。
或形容狼狽為奸，串通做壞事。

33 俚語 近廟欺神

kīn-biō-khi-sîn

廟宇附近的人，反而漠視廟內神明。
引申為對身旁的人表現出輕忽、漠視的態度，
不知珍惜「眼前的玫瑰」。

34 俗諺 抹壁雙面光

Buah piah siang-bīn kng

比喻做人圓融,雙方都不得罪。

35 俚語 無三不成禮

Bû sam put sîng lé

隆重禮儀,如「三鞠躬禮」、「三問訊禮」、「三上香禮」。
另說「禮多人不怪」、
「有一就有二,有二就有三,無三不成禮」。

36 俚語 紲壇省紅包

Suà-tuânn síng âng-pau

「紲」,續、接。
「紲壇」接續現成的道壇或舞台。
比喻搭便車、佔便宜,以節省開支。

37 俗諺 順風捒倒牆

Sūn-hong sak tó tshiûnn

「捒」,推。

順著風勢將牆推倒。
比喻順著局勢,借力使力推倒在位的人。

38 俚語 船破海坐底

Tsûn phuà hái tsē-té

船破了,最後沉坐在海底。
指下屬出錯、惹事,
上司出面收拾殘局。

39 俚語 十喙九尻川

Tsȧp tshuì káu kha-tshng

「喙」,嘴。「尻川」,屁股。

十個嘴巴、九個屁股,意思是「多嘴」。
比喻人多嘴雜、意見分歧,得不到結論。

40 俚語 三國歸一統

Sam-kok kui it-thóng

形容好處全歸一人獨享
如麻將桌上「三家烤肉一家香」，
三人都輸，一人獨贏。

41 俗諺 公親變事主

Kong-tshin piàn sū-tsú

仲裁者變成了當事人。
比喻和事佬難當。

42 俚語 七仔較興八仔

Tshit--á khah hìng peh--á

「七仔」、「八仔」，比喻不同的兩人。
形容兩人同樣都有興緻，
如果同做壞事，不用推諉、卸責。

43 俚語 田無交,水無流

Tshân bô kau, tsuí bô lâu

指彼此不相往來,沒有交情。
是負面的語詞,
可能雙方以前有過糾紛、宿怨。

44 俚語 歹囡仔厚瀾頭

Pháinn-gín-á kāu nuā thâu

「歹囡仔」,壞孩子。「厚」,多。「瀾頭」,多口水。
不乖的孩子喜歡逞口舌之快,頂嘴好辯,口沫橫飛。
形容人好辯、找藉口推託,找理由自圓其說。

45 俗諺 捏驚死,放驚飛

Tēnn kiann sí, pàng kiann pue

「捏」掐、夾、擠壓。
形容人得失心重,進退失據、優柔寡斷。

46 俚語 人的喙，掩袂密

Lâng ê tshuì, am bē ba̍t

人的嘴巴無法完全掩住。
比喻「若要人不知，除非己莫為」。
嘴快就洩露真相了。

47 俗諺 徛懸山，看馬相踢

Khiā kuân suann, khuànn bé sio that

「徛」，站立。

語意同「隔山觀虎鬥」。
自己置身事外，在旁邊靜觀其變，
伺機下手，坐收漁利。

48 俗諺 行船走馬三分命

Kiânn-tsûn tsáu bé sann hun miā

「三分命」，即七分沒命。

指從事交通運輸行業的人，職業的風險很高。
另俚語「駛車紅衫穿一半」，也是這個意思。

49 俚語 別人的囝死袂了

Pa̍t-lâng ê kiánn sí bē liáu

「囝」,孩子。

形容人的自私,己所不欲,卻推給別人。
字面意思是別人的孩子,死也不會死光。

50 俚語 十全欠兩味,八珍

Sip-tsuân khiàm nn̄g bī, pat-tin

「十全」,中藥藥名。「八珍」,中藥藥劑名。

此處「八珍」為歇後語,不是藥名,
而是罵人的話,即俗話「三八」。
形容人言行輕浮、不端莊,難登大雅之堂。

51 俚語 目睭看懸,無看低

Ba̍k-tsiu khuànn-kuân, bô khuànn-kē

「懸」,高、高聳。

即俗稱之「勢利眼」。
趨炎附勢、高攀權貴,不屑與一般人為伍。

52 俚語 目睭生佇頭殼頂

Bak-tsiu senn tī thâu-khak-tíng

眼睛長在頭頂上。
形容人個性高傲,「看懸無看低」。

53 俚語 鬼頭鬼腦,全步數

Kuí-thâu-kuí-náu, tsuân pōo-sòo

「步數」,辦法、招數。
形容一個人整天動歪腦筋,
不很正經的招數、點子一再出現。

54 俗諺 有功無賞,拍破愛賠

Iú kong bô siúnn, phah-phuà ài puê

「無賞」,沒有獎賞。「愛賠」,要賠。
指吃力又不討好的工作。

55 俗諺 做甲流汗,嫌甲流瀾

Tsò kah lâu-kuānn, hiâm kah lâu-nuā

「流瀾」,流口水。
比喻說的比做的容易。

56 俚語 做衫無夠,做褲有賰

Tsò sann bô-kàu, tsò khòo ū-tshun

「衫」,指長衫(袍)。「賰」,剩餘。
一塊布料不夠縫製長衫,做褲子還有餘料。
指「過與不及」是司空見慣的常事。

57 俗諺 踏門入戶,欺人太甚

Ta̍h-bûn-ji̍p-hōo, khi jîn thài sīm

強行進入人家屋內,為非作歹,
目中無人、欺人太甚,讓人無法容忍。

58 俚語 好人勼勼，歹人聳鬚

Hó-lâng kiu kiu, pháinn-lâng tshàng-tshiu

「勼勼」，畏首畏尾、退卻不前。「聳鬚」，囂張、逞威風。
期勉人伸張公理正義，要勇敢的挺身而出，
不然壞人會更囂張、跋扈。

59 俚語 墓仔埔放炮，驚死人

Bōng-á-poo pàng-phàu, kiann-sí-lâng

「墓仔埔」，墳場、墓地。
在墓地燃放鞭炮，驚嚇死人。
「驚死人」是歇後語，
不指驚嚇死人，
是指讓人驚奇、
驚嚇的事情。

60 俚語

強驚雄，雄驚無天良

Kiông kiann hiông, hiông kiann bô-thian-liông

「強」，強手、厲害的人。「雄」，殘忍、凶狠的人。
「無天良」，沒有良心的人。

厲害的人、凶狠的人，碰上沒良心的人也使不上力。
比喻沒良心的人無藥可救，難與為伍。

61 俗諺

八仙過海，各顯神通

Pat-sian kuè-hái, kok hián sîn-thong

「八仙」，神話傳說中的呂洞賓等八位仙人。

比喻到新的環境後，每個人各顯神通，隨人變通謀求發展。

註：神話傳說中的八位仙人為漢鍾離、張果老、韓湘子、鐵拐李、
曹國舅、呂洞賓、藍采和、何仙姑。

62 俗諺

隔壁親家，禮數原在

Keh-piah tshin-ke, lé-sòo guân-tsāi

近親仍應講求禮數，不可因近而怠慢、隨便。

63 俚語

仙拚仙，害死猴齊天

Sian piànn sian, hāi-sí kâu tsê-thian

「猴齊天」，孫悟空。
即「城門失火，殃及魚池」。
比喻無端受到牽連的災禍。

64 俚語

講人人到，講鬼鬼到

Kóng lâng lâng kàu, kóng kuí kuí kàu

即「說曹操，曹操就到」。
比喻不要在背後說人閒話，
隨時有不速之客。

65 俗諺

人牽毋行，鬼牽溜溜行

Lâng khan m̄ kiânn, kuí khan liù-liù-kiânn

形容人是非不分、識人不明，
正事不做，偏走歹路、做壞事。

66 俗諺 出門看天色，入門看目色

Tshut-mn̂g khuànn thinn-sik,
jip-mn̂g khuànn ba̍k-sik

「出門」，離家出走。「目色」，眼色、眼神。
出門要先觀察天氣的狀況，
進門要先留意長上、長官的眼神。
提醒人要能察言觀色，
妥為因應，才不致張皇失措。

67 俗諺 相拍跤手會，相罵無好話

Sio-phah kha-tshiú ē,
sio-mē bô hó-uē

打架時手腳都使上了，相罵沒半句好話。
勸誡人們與人為善，不要爭吵、打架。

68 俗諺

做戲的欲煞，看戲的毋煞

Tsò-hì--ê beh suah,
khuànn-hì--ê m̄ suah

或說「坐轎的要下轎，抬轎的卻停不下來」。
比喻行事「欲罷不能」、「身不由己」。

69 俚語

有喙講別人，無喙講家己

Ū tshuì kóng pa̍t-lâng,
bô tshuì kóng ka-kī

「喙」，嘴巴。「家己」，自己。
比喻人只會講別人的是非，卻不能反省自己。

70 俚語 你看我殕殕，我看你霧霧

Lí khuànn guá phú-phú,
guá khuànn lí bū-bū

「殕殕」、「霧霧」原意是朦朧不清。
此處形容看不起人。

指人互相貶損，你看不起我，
我看你也不怎麼樣。

71 俗諺 欲來無張持，欲去無相辭

Beh lâi bô-tiunn-tî,
beh khì bô sio-sî

「無張持」，突然、意料之外。

形容人來去匆匆，來無影去無蹤。

72 俗諺 用別人的拳頭拇舂石獅

Iōng pat-lâng ê kûn-thâu-bó tsing tsioh-sai

「舂」，撞、揍、擊打。
比喻慷他人之慨，
借用別人的力量來圖謀自己的利益。

73 俗諺 頂司管下司，鋤頭管畚箕

Tíng-si kuán ē-si, tî-thâu kuán pùn-ki

「頂司」，上級。「下司」，下屬。
比喻一物剋一物，彼此牽連、關係密切。
上級管轄下屬，畚箕要靠鋤頭填入沙土，兩者不能互相割捨。

74 俚語

嘐潲話講規堆，
鬼都攏離開

Hau-siâu-uē kóng kui-tui,
kuí to lóng lī-khui

「嘐潲話」，說大話、吹牛、說謊。
「講規堆」，說了一大堆。
指常常吹牛、說大話，
連鬼都懶得聽，走避離開了。

75 俗諺

豆油分你搵，
連碟仔攏捀去

Tāu-iû pun lí ùn,
liân tih-á lóng phâng--khì

「搵」，蘸、沾。「碟子」，小盤子。「捀」，用手端著。
醬油給你沾，卻連盛醬油的小盤子都端走了。
好心沒好報，對方得寸進尺，欺人太甚。
或指人恩將仇報、巧取豪奪。

76 俗諺 人濟話就濟，三色人講五色話

Lâng tsē uē tō tsē,
sam sik lâng kóng ngóo sik uē

「濟」，多。
比喻人多話就多，
內容也五花八門、包羅萬象。

77 俗諺 交官窮，交鬼死，交員外食落米

Kau kuann kîng, kau kuí sí,
kau uân-guē tsiah lak-bí

「食落米」，吃別人掉下來的米粒。
勸人腳踏實地，謹守本分，
不要費心鑽營，高攀權貴。

78 俚語

棋中不語真君子，起手無回大丈夫

Kî tiong put gí tsin kun-tsú,
khí-tshiú bû huê tāi-tiōng-hu

「真君子」，才德出眾、品德高尚的人。
「大丈夫」，有志氣、勇敢剛毅的男子。

下棋時不會指指點點，專注棋局的人才是真君子，
棋子下定後不移回、挪動的棋手才配稱大丈夫。
指下棋的基本修養：「棋中不語」和「起手無回」。
象棋的棋盤上常印有這句俗諺，期勉棋手遵守。

79 俚語

過橋較濟你行路，食鹽較濟你食米

Kuè kiô khah tsē lí kiânn-lōo,
tsiah iâm khah tsē lí tsiah bí

過橋比你走路還多，吃的鹽比你吃的米還多。
形容人見多識廣、閱歷豐富，非對手能及。
另一說是「倚老賣老」而輕視他人。

80 俗諺

有緣千里來相會，無緣對面講無話

Ū-iân tshian-lí lâi siong-huē,
bô-iân tuì-bīn kóng bô uē

指人與人相處、暢談是靠緣分，
沒有緣分就是住在對面也沒話好說。
期勉人要珍惜情誼。

肆 | 個人、行為 | no. 71

一滴目屎三斤重
Tsit tih bak-sái sann kin tāng

CHAPTER 4

01 摸飛

moo-hui

摸魚。
正事不做，偷溜去做別的事。

02 嚻俳

hiau-pai

囂張。
形容人的行為舉止放肆、傲慢。

03 臭彈

tshàu-tuānn

吹牛、胡扯。

04 俚語 伸手

tshun-tshiú

原意是指伸出手臂,
現在多指「伸手」要錢。
「伸長手」指向外頭、向親友要錢。

05 俚語 冇開

phànn-khai

「冇」,鬆、軟。「開」,花錢。
指花錢很大方、慷慨。

06 俚語 孤𩑾

koo-khut

無父無母、無兄弟姊妹,
也沒有親戚的光棍。
現在多用來形容個性孤僻、不與人來往的人。

07 俚語 破相

phuà-siùnn

殘障人士的相貌。
指人容顏受損或五官、肢體有所殘缺。
此俚語有貶損的意味,已少使用。

08 俚語 懶屍

lán-si

懶洋洋的。
形容一個人倦容滿面、無精打采的樣子。

09 俚語 見笑

kiàn-siàu

羞恥、羞愧。
羞恥的行為,俚語「見笑的代誌」。
不知羞恥,俚語「袂見笑」。

10 俚語 歹喙

pháinn-tshuì

「喙」，嘴巴。「歹喙」，嘴巴不乾淨。
常說些不得體、負面的話，不得人緣。

11 俚語 阿西

a-se

呆瓜、傻瓜。
罵人不靈光、不精明、反應慢。

12 俚語 阿舍

a-sià

公子哥兒、紈絝子弟。
指富貴人家的子弟，浮華、玩樂，不知人間疾苦。

13
俚語 **九條**

káu-tiâu

雲嘉濱海地方俚語。
形容極端吝嗇、斤斤計較，吹毛求疵的人。

14
俚語 **白目**

pe̍h-ba̍k

眼睛不能察言觀色。
形容不知好歹、不識時務，言行不得體的人。

15
俚語 **大細目**

tuā-sè-ba̍k

大小眼。
形容對人不公平，厚此薄彼。

16 俚語 激派頭

kik-phài-thâu

「激」，假裝。
「擺架子」，假裝很有來頭。

17 俚語 擲挕捔

tàn-hiat-ka̍k

把沒用的東西丟掉。

18 俚語 厚話屎

kāu-uē-sái

形容人講話多，又多廢話。

19 俚語 破格喙

phuà-keh-tshuì

烏鴉嘴。
常說不吉利的話而招來霉運。
是一句罵人、指責人的話。

20 俚語 耳空輕

hīnn-khang-khin

指人耳根軟、容易輕信別人的話。

21 俚語 查某體

tsa-bóo-thé

娘娘腔
指男人說話、動作像女孩子。

22 俚語 厚沙屑

kāu-sua-sap

形容一個人既囉唆又挑剔,很難伺候。
另揶揄小孩子體弱、多小毛病,
帶得很辛苦。

23 俚語 五四三

gōo-sì-sann

言不及義、老說不練。
指人沒有深思熟慮,
說或做些有的、沒有的言行。

24 俚語 老不修

lāu-put-siu

形容舉止不正經、好色的老人。
是一句罵人的話。

25 俚語 死人面

sí-lâng-bīn

形容人表情惡劣、臉色難看，
像死人的臉一樣。
是一句罵人的話，意同「哭喪著臉」。

26 俚語 拖屎連

thua-sái-liân

做事拖拖拉拉、動作遲緩又不講求效率。
這是一句罵人、指責人的俚語。

27 俚語 豆菜底

tāu-tshài-té

料理的上層是魚肉，
下層的豆菜是用來墊底的。
比喻出身風塵界的女人，有譏諷、藐視的意味。

28 俚語 落下頦

làu-ē-hâi

本意是「下巴脫臼」。
引申為笑話說得很精彩，讓人笑得下巴都要掉了。
另指人說謊，天花亂墜，說得下巴快掉下來，也難取信於人。

29 俚語 使目尾

sái-ba̍k-bué

「目尾」，眼角。

即「眉目傳情」，眨眼、動眼角表示情意。
另一意思是用目光暗示，提醒注意。

30 俚語 歕雞胿

pûn-ke-kui

本意指吹氣球。
形容人好說大話、吹牛的行為。

31 俚語 白跤蹄

peh-kha-tê

倒霉鬼、掃把星。
台灣民間認為白腳蹄的牲畜會給主家人帶來霉運。
後來引申為給家裡帶來霉運的女人。
是歧視女性的不敬俚語,不宜引用。

32 俚語 歹聲嗽

pháinn-siann-sàu

疾言厲色。
形容說話口氣不好、
態度粗暴的行為。

33 俚語 老倒勼

lāu-tò-kiu

「勼」縮小、收縮。
形容人年老體弱,
導致身高、體型縮小。

34 俚語 不死鬼

put-sú-kuí

或稱「不羞鬼」。
指人厚臉皮，言行有「吃豆腐」、
「性騷擾」的傾向。

35 俚語 有空無榫

ū-khang-bô-sún

「榫」，俗稱「榫頭」。
製作木器接頭的部分。

比喻做些不合理、
不著邊際或沒有結果的事情。

36 俚語 烏魯木齊

oo-lóo-bo̍k-tsè

指人不精細分明、過於草率，喜歡胡說八道。
或指東西粗製濫造，品質不好。

37 俚語 歹戲拖棚

pháinn-hì-thua-pênn

「拖」,延遲、拖拖拉拉。
「棚」,棚架。搭建而成的戲台叫「戲棚」。

不精彩的戲在戲台上拖拖拉拉,消磨時間。
形容人做事拖拉,工作效率很差。

38 俚語 儉腸凹肚

khiām-tn̂g-neh-tōo

指人勒緊褲帶、省吃儉用,
節省飲食的開支。

39 俚語 變鬼變怪

pìnn-kuí-pìnn-kuài

指搞鬼、耍花招、故弄玄虛的行徑。
或說「假鬼假怪」。

40 俚語 三長兩短

sann-tn̂g-nn̄g-té

指意外、不測、變故,多指死亡。

41 俚語 膨肚短命

phòng-tōo-té-miā

凸脹肚子的短命鬼。
是咒罵人早死的惡毒用語。

42 俚語 無攬無拈

bô-lám-bô-ne

無精打采、沒精神,提不起勁的樣子。

43 俚語 想空想縫

siūnn-khang-siūnn-phāng

計畫性的想盡各種辦法，鑽空隙、佔便宜。
通常用來指負面的「歹代誌」。
註：「歹代誌」，壞事、壞消息。

44 俚語 半桶師仔

puànn-tháng-sai-á

指學藝未精的技術人員或學徒。

45 俚語 衰尾道人

sue-bué-tō-jîn

形容運氣差、諸事不順的人。
而且可能為同伴帶來霉運。

46 俚語 省事事省

síng-sū-sū-síng

多一事不如少一事。
比喻凡事從簡,可以省下麻煩、少費心機。

47 俚語 阿里不達

a-lí-put-ta̍t

不循規蹈矩、不正經的言行,
沒什麼水準也沒什麼價值。

48 俚語 迌迌囡仔

tshit-thô-gín-á

「迌迌」,遊玩。
指不良少年、小混混。

49 俚語 青面獠牙

tshenn-bīn-liâu-gê

人的臉色青綠、長牙外露。形容面貌凶惡、可怕的人。另鬼卒、鬼差也稱「青面獠牙」。

50 俚語 不三不四

put-sam-put-sù

言行不倫不類、輕浮無禮,別人羞與為伍。

51 俚語 橫柴入灶

huâinn-tshâ-ji̍p-tsàu

「灶」,火灶,烹飪生火的設備。
指行事不按常理,強橫不講理。

52 俚語 三角六尖

Sann-kak-la̍k-tsiam

指人說話話鋒尖利，講話帶刺。
用來形容逞口舌之快，
尖酸刻薄，語多熱嘲冷諷的人。

53 俚語 不答不七

put-tap-put-tshit

不得要領。指人言行拉拉雜雜，沒有把握重點或訣竅。
語意同「離離落落（li-li-lak-lak）」。

54 俚語 褪褲放屁

Thǹg-khòo-pàng-phuì

「褪褲」，脫褲子。
譏諷人行事節外生枝，多此一舉，沒有必要。

55 俚語 七做八毋著

Tshit tsò peh m̄-tio̍h

「毋著」，不對。

指人做事樣樣都錯、一無可取。
即俗稱「低路師（kē-lōo-sai）」。

註：低路師，技藝很差的工匠，泛指能力很差的人。

56 俚語 著傷糊牛屎

Tio̍h-siong kôo gû-sái

「著傷」，受傷。「糊」，塗抹。

受傷就塗抹牛屎，不用抹藥啦！
指事故找不到禍首、或自己理虧，只好自行善後。

57 俚語 媠人，無媠命

Suí lâng, bô suí miā

「媠」，漂亮的、美麗的。

人長得漂亮，卻沒有好運氣。
意同「紅顏薄命」。

58 俚語 共天公借膽

Kā thinn-kong tsioh tánn

比喻膽大包天。

59 俚語 無行，袂出名

Bô kiânn, bē tshut-miâ

勉勵人「坐而言不如起而行」，劍及履及，勇往直前。

60 俗諺 船過水無痕

Tsûn kuè tsuí bô hûn

指一個人忘恩負義，受人恩惠，事後卻若無其事。

61 俗諺 紅媠，烏大範

Âng suí, oo tuā-pān

「媠」，美麗。「大範」、大方。
紅色美麗、黑色大方。
形容人衣著亮麗、高貴有氣質。

62 俚語 歹心烏漉肚

Pháinn-sim oo-lok-tōo

「烏漉肚」，心腸極壞。
形容人心思惡毒、心眼壞透了。
引申：欲死初一、十五；欲出山（出殯）大風閣大雨。

63 俚語 曲跤撚喙鬚

Khiau-kha lián tshuì-tshiu

「曲跤」，翹著二郎腿。
「撚鬚」，鬍鬚。
形容人輕鬆閒適、怡然享樂的樣子。

64 俚語 人未到,聲先到

Lâng buē kàu, siann sing kàu

主人未到,聲勢先行。
形容大嗓門的人,也指排場很大,人聲鼎沸。

65 俗諺 坐予正,得人疼

Tsē hōo tsiànn, tit lâng thiànn

坐姿端正,才能得人疼愛。

66 俚語 屎積到尻川口

Sái tsik kàu kha-tshng-kháu

「尻川」,屁股。
比喻燃眉之急的事情,
要火速處理,不能拖延。

67 俗諺 牛可繚，人不可繚

Gû khó liāu, lâng put-khó liāu

「繚」，綑綁住。

牛可以用繩索拴住，人不會被拴住綁住的。
比喻人生海闊天空，任君翱翔。
另說「人不可繚」、「人不可科」，形容人心難測。

68 俗諺 目睭金金人傷重

Ba̍k-tsiu kim-kim lâng siong-tiōng

原指人病況嚴重，眼睛張得大大的。
形容遇到重大事情乾瞪眼，束手無策也無能為力。

69 俚語 癦西癦西，燒酒醉

Má-se-má-se, sio-tsiú-tsuì

神智不清。
通常用來形容人酒醉不清醒的樣子。

70 讀冊讀佇尻脊骿

Thák-tsheh thák tī kha-tsiah-phiann

指人讀書食古不化,甚至背道而馳。
譏諷人書都白讀了。

71 一滴目屎三斤重

Tsi̍t tih ba̍k-sái sann kin tāng

意同「男兒有淚不輕彈」。
叫人不要輕易哭啼、掉淚。

72 俗諺 無法無天，烏白來

Bû-huat-bû-thian, oo-peh-lâi

「烏白來」，胡作非為。

沒有法紀天理，形容人明目張膽、胡亂非為，無所忌憚。
「烏白來」是歇後語。

73 俚語 空喙哺舌無路用

Khang-tshuì-pōo-tsih bô-lōo-īng

老說不練、空口說白話是沒有用的。
另指信口開河、說話沒有憑證，無法讓人信任。

74 俗諺 三心兩意，做無代誌

Sam-sim-lióng-ì, tsò bô tāi-tsì

指猶豫不決、意志不堅的人，成不了大事。

75 俚語

丩閣儉，枵鬼閣雜唸

Khiû koh khiām, iau-kuí koh tsap-liām

「丩」，過度節儉、吝嗇。「枵鬼」，貪嘴好吃。
指人過度節儉、吝嗇，又貪嘴好吃，嘴巴還嘮叨不停，
嚷嚷「不吃白不吃」、「不拿白不拿」。
是一句揶揄、戲弄嘲笑他人的俚語。

76 俚語

提薑母拭目墘，假哭

Theh kiunn-bó tshit bak-kînn, ké-khàu

「目墘」，眼睛的周邊。
拿薑母擦拭眼睛四周，會激出眼淚。
「假哭」是歇後語。

77 俚語

魚食溪水，人食喙水

Hî tsiah khe-tsuí, lâng tsiah tshuì-suí

「喙水」，口才。
指人學養俱佳，口才又好，關係和諧，一定能「如魚得水」。

78 俗諺 一日剃頭，三日緣投

Tsit jit thì-thâu, sann jit iân-tâu

「剃頭」，理髮。「緣投」，漂亮。
要人注意整肅儀容。

79 俚語 食飽傷閒，掠蝨母相咬

Tsiah pá siunn îng, liah sat-bó sio kā

「傷」，太、過分。「蝨母」，會傳染疾病的蝨子。
比喻閒極無聊，吃飽太閒沒事幹。

80 俗諺 一錢，二緣，三婧，四少年

It tshiân, jī iân, sann suí, sì siàu-liân

「婧」，美麗、漂亮。
形容年輕人追求異性朋友的各項條件。

81 俚語

生食都無夠，哪有通曝乾

Tshenn tsiȧh to bô-kàu,
ná ū thang phȧk-kuann

生吃都不夠了，哪有可能留下來曬乾。
指現在生活捉襟見肘，對將來也不敢奢望。

82 俗諺

頭大面四方，肚大居財王

Thâu tuā bīn sù-hong,
tóo tuā ki tsâi-ông

大頭大臉是福相，肚大能容，也容財富聚集。
是恭維人長相福態的客氣話。

83 俗諺

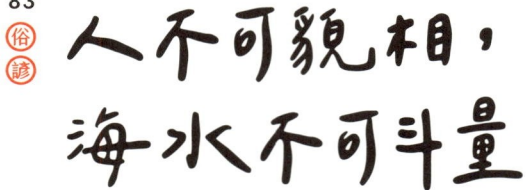

人不可貌相，海水不可斗量

Lâng put-khó māu-siòng,
hái-tsuí put-khó táu-liōng

「貌相」，看外表。「斗量」，用斗量測。
指看人不能只看外表。
人的內在優點、潛能發揮是不可限量的。

84 俚語

乞食神，孝男面，早睏晏精神

Khit-tsiȧh sîn, hàu-lâm-bīn,
tsá-khùn uànn-tsing-sîn

「孝男」，服喪父、母的男子。
「晏」，晚。「精神」，睡醒起床。
形容一個人面目可憎、行為散漫，沒精打采的樣子。

伍　　飲食、起居　　no. 31

食甲流汗，做甲畏寒

Tsiàh kah lâu-kuānn, tsò kah uì-kuânn

CHAPTER 5

01 俚語 枵鬼

iau-kuí

「枵」，餓。

意同「餓鬼」、「貪吃鬼」，
用來形容貪嘴好吃的人。

02 俚語 孝孤

hàu-koo

「孤」，指孤魂野鬼，俗稱「好兄弟仔（hó-hiann-tī-á）」。

原意是孝敬「好兄弟仔」。
引申為庶民粗俗的叫人「拿去吃」—「提去孝孤」。

03 俚語 窒喙空

that-tshuì-khang

「窒」，塞。「喙」，嘴。

把東西塞進嘴巴裡，吃吃零嘴。
另引申為收買人使人不說話，用財物堵住對方的嘴。

04 俚語 食腥臊

Tsiȧh-tshenn-tshau

「腥臊」，菜色豐富。

上餐館、吃「拜拜（pài-pài）」，或喜慶宴席，家中大加菜。
俗稱「吃大菜」、「食桌」。

05 俗諺 歹喙斗

pháinn-tshuì-táu

「歹」，壞、惡、不好的。
「喙斗」，胃口、食慾。

即挑嘴，指人對食物很挑剔。

06 俗諺 枵飽吵

iau-pá-tshá

不管餓肚子或吃飽都吵鬧不休。
通常指小孩子的無理取鬧、不得安寧。

07 俚語 桌頂拈柑

Toh-tíng ni kam

「拈」，用手指輕輕拿取。

從桌上隨手拿個柑橘。
形容不費力氣、輕而易舉就可以成事。

08 俚語 食飽換枵

Tsia̍h pá uānn iau

「枵」，餓。

指人做事徒勞無功、白費工夫。

09 俗諺 補冬補喙空

Póo-tang póo tshuì-khang

「補冬」，冬令進補。「喙空」，嘴巴。

台灣習俗北部都在「立冬」補冬。南部在「冬至」補冬。
冬令補冬餐飲豐盛，進補食品都送入嘴巴，意思是有口福。

10 俗諺 食好鬥相報

Tsiȧh hó tàu sio-pò

吃到好東西,告知大家分享。
指美好的事、物,要口耳相傳,廣為張揚。

11 俗諺 有食閣有掠

Ū tsiȧh koh ū liȧh

「掠」,補、抓、拿。
有吃又有拿,比喻「好事成雙」。

12 俗諺 腹肚做藥櫥

Pak-tóo tsò iȯh-tû

「腹肚」,肚子。「藥櫥」,存放藥物的地方。
比喻經常生病,常常服藥。

13 俚語 大腸告小腸

Tuā-tn̂g kò sió-tn̂g

「告」，告發、為難。

大腸為難小腸，咕嚕作響。
形容人肚裡空空、飢餓難耐。

14 俚語 食好做輕可

Tsia̍h hó tsò khin-khó

吃得好，工作又輕鬆。
比喻生活極為悠閒、舒適的人。

15 俗諺 食飯皇帝大

Tsia̍h-pn̄g hông-tè tuā

民以食為天，吃飯是最重要的。

16 俚語 喙飽目睭枵

Tshuì pá ba̍k-tsiu iau

「枵」，餓。
或說「喙飽目毋飽」。
比喻一個人貪得無厭，吃飽了還想再吃。

17 俚語 家己刣，趁腹內

Ka-kī thâi, thàn pak-lāi

「腹內」，動物的內臟。「趁」，賺。
形容人勤則不匱。
市場買雞鴨，內臟要另外計價的。

18 俚語 食袂肥，枵袂瘦

Tsia̍h bē puî, iau bē sán

吃了不會胖，餓也不會瘦下去。
比喻生活平凡、勉強度日，沒有大起大落。

19 俚語 王梨頭，西瓜尾

Ông-lâi thâu, si-kue bué

「王梨」，鳳梨。

指鳳梨跟西瓜比較好吃的部位。
教導人怎麼挑選水果，觀察蔬果的生態。

20 俚語 誠意，啉水也甜

Sîng-ì, lim tsuí iā tinn

「啉水」，飲水、喝水。

誠可格天、更能感人。
指誠心誠意待人處世，人際關係自然和諧。

21 俗諺 講著食，舂破額

Kóng tiỏh tsiảh, tsing phuà hiảh

「舂」，擊打、撞、揍。「額」，額頭。

聽到有吃的，爭先恐後撞破額頭。

22 俚語 食飽睏,睏飽食

Tsiàh pá khùn, khùn pá tsiàh

形容一個人只知道吃飯、睡覺,
游手好閒,無所事事。

23 俚語 豬毋食,狗毋哺

Ti m̄ tsiàh, káu m̄ pōo

「哺」,嚼、咀嚼。

豬、狗都不肯吃。
比喻東西倒盡胃口,難以下嚥。

24 俚語 看人食米粉,喝燒

Khuànn lâng tsiàh bí-hún, huah sio

「看有食無」,空歡喜。
雖是「喝爽的」,但表示對周邊事物關心。

25 俗諺 一樣米飼百樣人

Tsi̍t iūnn bí, tshī pah-iūnn lâng

「百樣人」，各式各樣的人。

比喻社會上有各式各樣、形形色色的人。

26 俚語 看有食無，白流瀾

Khuànn ū tsia̍h bô, pe̍h lâu-nuā

「流瀾」，流口水。

看得到而吃不到，空流口水。
「白流瀾」是歇後語。

27 俗諺 恬恬食三碗公半

Tiām-tiām tsia̍h sann uánn-kong puànn

「恬恬」，沉靜、不多話。

形容人不露鋒芒，默默地做出令人驚訝、讚嘆的事。

28 俚語 跤手慢鈍,食無份

Kha-tshiú bān-tūn, tsia̍h bô hūn

「跤手」,手腳。
手腳動作緩慢、笨拙的人,就吃不到東西了。
比喻手腳俐落、勤快的人,才能有所收穫。

29 俚語 食人的飯,犯人的問

Tsia̍h lâng ê pn̄g, huān lâng ê mn̄g

「犯」,接受、承擔。
吃老闆的飯,就要接受老闆的差遣、詢問。
指「吃人家的嘴軟,拿人家的手短」。

30 俗諺 先顧腹肚,才顧佛祖

Sing kòo pak-tóo, tsiah kòo pu̍t-tsóo

「佛祖」,成佛作祖者,通常指釋迦牟尼佛。
指民以食為天,先求填飽肚子,
行有餘力,才布施濟眾,奉獻神佛。

31 俗諺 食甲流汗，做甲畏寒

Tsia̍h kah lâu-kuānn, tsò kah uì-kuânn

「畏寒」，怕冷、打冷顫。

吃飯認真，吃得流汗，工作偷懶、畏縮、打冷顫。
形容人「好吃懶做」。

32 俗諺 食魚食肉，也著菜佮

Tsiah hî tsiah bah, iā tioh tshài kah

「佮」，搭配。

吃魚吃肉，也要兼吃蔬菜，講求均衡營養。
意指事物要搭配得宜，力求和諧關係。

33 俗諺 骨力食栗，貧惰吞瀾

Kut-lat tsiah-lat, pîn-tuānn thun nuā

「骨力」，勤勞、努力。「貧惰」，懶惰。

努力的人可以吃到栗子，懶惰的人只能挨餓、吞口水。
期勉人要勤勞、努力，自食其力，「一分耕耘，一分收穫」。

34 俚語 會曉偷食，袂曉拭喙

Ē-hiáu thau tsiah, bē-hiáu tshit tshuì

「拭喙」，擦拭嘴巴。

會偷吃東西，卻不懂得擦嘴巴。
比喻人「不知善後」。

35 俚語
有錢食鮸，無錢免食
Ū-tsînn tsia̍h bián, bô-tsînn bián tsia̍h

「鮸」，鮸魚、味美價高的食用魚。
台菜「魚肚」以用鮸魚為上品。「假魚肚」多用豬皮為食材。

有錢人可以吃鮸魚、魚肚，沒錢的人吃不起，
只好吃「假魚肚」，聊勝於無了。

36 俚語
食爸倚爸，食母倚母
Tsia̍h pē uá pē, tsia̍h bú uá bú

「倚」，貼近、靠近。

形勢比人強。
形容趨炎附勢，「有奶便是娘」。

37 俗諺
一粒田螺煮九碗公湯
Tsi̍t lia̍p tshân-lê tsú káu uánn-kong thng

「田螺」，生活在水田或溝渠，軟體、尖殼的小動物。
「碗公」，比飯碗更大的碗，多用在湯碗。

湯多又沒料。
指人行事虛有其表，誇張其事。

38 俚語 一人食一半，感情較袂散

**Tsit lâng tsiah tsit-puànn,
kám-tsîng khah bē suànn**

一人吃一半，彼此的感情不會拆散。
鄉間餐飲聚會進食、勸酒的場面話，
或說「一人啉一半，感情較袂散」。
註：「啉（lim）」，飲，指飲酒。

39 俗諺 食飯食阿爹，趁錢存私奇

**Tsiah-pn̄g tsiah a-tia,
thàn-tsînn tsûn sai-khia**

「阿爹」，爸爸。
「趁錢」，賺錢。「私奇」，私房錢。

吃飯吃父親的，賺錢卻存私房錢。
比喻佔人便宜、自私自利、從不付出的人。

40 俚語 喙閣較焦,也毋通啉鹽水

Tshuì koh-khah ta,
iā m̄-thang lim iâm-tsuí

「喙」,嘴巴。「啉」,喝、飲。
鹽主要用於調味,不宜飲用。
勸人不要「飲鴆止渴」。

41 俚語 有人興燒酒,有人興豆腐

Ū lâng hìng sio-tsiú,
ū lâng hìng tāu-hū

「興」,愛好、喜愛。
指人喜好不同,各取所需,
「士各有志」,彼此要互相尊重。

42 俗諺

有毛食到棕蓑，無毛食到秤錘

Ū moo tsiàh kàu tsang-sui,
bô moo tsiàh kàu tshìn-thuî

「棕蓑」，棕毛製成的蓑衣。
「秤錘」，秤砣，一般指金屬製成的重錘。
形容人貪嘴好吃、無所不吃。
（棕蓑、秤錘都是不能吃的器物）

43 俚語

食予飽，穿予燒，較早睏較有眠

Tsiàh hōo pá, tshīng hōo sio,
khah tsá khùn khah ū bîn

勸人衣食無缺、生活安定，不要有非分之想，更不可「飽暖思淫慾」。

毋捌食過豬肉,嘛捌看過豬行路

M̄ bat tsiȧh kuè ti-bah,
mā bat khuànn kuè ti kiânn-lōo

「毋捌」,不曾、沒有。「嘛」,也。

沒有吃過豬肉,也該看過豬走路吧!
早期農村過年過節才有豬肉吃,
但常常看到「牽豬哥」趕著大公豬走路。
比喻人閱歷不多、見聞不廣。
常用來譏諷人無知,不能舉一反三。

陸 　　**生意、理財**　　no. 34

鳥喙牛尻川，賣賰
Tsiáu-tshuì gû kha-tshng, bē tshun

CHAPTER 6

01 俚語 交關

kau-kuan

惠顧，買賣行為。
通常指常客前來購物。

02 俗諺 交割

kau-kuah

指交易雙方將貨物與金錢結清。
現在多用在股市買賣結清，沒有交割就是違約。

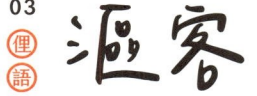

03 俚語 漚客

àu-kheh

即「惡客」，差勁的客人。
指只看不買，又挑三揀四、嫌東嫌西的來客。

04 俚語 割價

kuah-kè

批發價,商品大批買賣的價格。
商販批貨後,零售給客人,
市井叫「小賣(sió-bē)」。

05 俚語 死錢

sí-tsînn

藏在身邊不加以運用的錢財。

06 俚語 凍霜

tàng-sng

原意指受到霜凍之害。
引申形容人小氣、吝嗇,過分節省開支。

07 俚語 吊猴

tiàu-kâu

白吃白喝、買東西沒錢可付,
當場被主人留下、責難。

08 俚語 坐數

tshē-siàu

認賬、代為支付款項。
引申指代為承擔責任、處理善後。

09 俚語 崩盤

pang-puânn

「盤」,指商場物品交易的層次,如大盤、中盤。
指商品價格或股市行情像山崩般下跌不止。

10 錢鬼

tsînn-kuí

守財奴、拜金主義者，
形容見錢眼開的有錢人。
稱人「錢鬼」，有貶損的意味。

11 外路仔

guā-lōo-á

外快。
來自本業以外的額外收入。

12 綴會仔

tuè-huē-á

跟會。
參加民間的金錢互助會。

13 俚語 佮字，歹寫

kap jī, pháinn siá

「佮」，合夥、搭配。
指合夥的生意常常有糾紛。

14 俗諺 一日三市

tsi̍t ji̍t sann tshī

物價一天三個行情。
形容物價不穩定，起落很頻繁。
生意人常因「一日三市」，
說「生理歹做」（生意不好做）。

15 俚語 有行無市

ū-hâng-bô-tshī

「行市」，同業間公定的市價。
指同業間沒有公定的市價，叫價不一。
另指同行業都生意清淡，開市不熱絡。

16 俚語 死豬仔價

sí-ti-á-kè

又便宜、又固定的價格,
售價沒有起落。

17 俗諺 了工閣蝕本

Liáu-kang koh sih-pún

「了工」,白費工夫。
「蝕本」,賠本。

白費工夫又賠本,
喻「賠了夫人又折兵」。

18 俚語 無錢假大範

Bô-tsînn ké tuā-pān

「大範」,大方、不小氣。

沒錢又裝得出手大方,派頭十足。
指人虛有其表、打腫臉充胖子。

19 俚語 臭柑排店面

Tshàu kam pâi tiàm-bīn

腐壞的橘子卻排在商店的門口上。
嘲諷人不知藏拙,
見不得場面卻好出風頭。

20 俚語 熟似趁腹內

Sik-sāi thàn pak-lāi

「熟似」,熟識的人。「趁」,賺。
「腹內」,本指內臟,此指局部、沒有賺全部。

商場上熟識的顧客,可以少賺他一些。
沒有賺一隻全雞,賺些像內臟的小利。
指商場就要營利,賠錢的生意沒人做。

21 俚語 錢了人無代

Tsînn liáu lâng bô tāi

「了」,賠錢、損失。「代」,事、事情。

錢損失了,人平安就好。
指人花錢消災,或撫慰人損失錢,人平安。

22 俗諺 俗物無好貨

Siòk mih bô hó huè

「俗物」，便宜的東西。
指價格便宜的東西，品質不會很好。

23 俗諺 會食，袂曉算

Ē tsiàh, bē-hiáu sǹg

老會吃，不曉得吃了多少，錢從哪裡來。
用來形容不會量入為出，不知精打細算的人。

24 俗諺 知算，毋知除

Tsai sǹg, m̄ tsai tû

比喻商場上不夠精明，
「只知其一，不知其二」的人。

25 俚語 生理花花仔

Sing-lí hue-hue-á

「花花」，如花點綴在綠葉中，有花、不是很多。
指生意還可以，還過得去。

26 俚語 會嫌才會買

Ē hiâm tsiah ē bé

識貨的人，會挑東西好壞，
會嫌東西貴的人，才可能會買。

27 俚語 加減趁，較袂散

Ke-kiám thàn, khah bē sàn

「趁」，賺。「散」，貧窮。
與其閒著，不如多少做一點工作，
有收入才不致貧窮。

28 俗諺 食米毋知米價

Tsia̍h bí m̄ tsai bí kè

形容只知享受，
不知生活疾苦的人。

29 俗諺 台灣錢，淹跤目

Tâi-uân tsînn, im kha-ba̍k

「跤目」，腳踝。

早年留下來的俗諺。
清朝中葉後，先民來台墾地開礦，
商販貿易，謀生容易，甚且致富。

30 俗諺 錢四跤，人兩跤

Tsînn sì kha, lâng nn̄g kha

指錢跑得比人快，辛勤工作才有所得。

31 俚語 艱苦趁，快活開

Kan-khóo thàn, khuìnn-uah khai

賺錢很辛苦，但不要吝嗇，
該用則用，享受生活的樂趣。

32 俗諺 一分錢，一分貨

Tsit hun tsînn, tsit hun huè

貨色好，價錢就高，貨色差，
價錢就比較低。
在交易時，遇到客人砍價，
貨主常用來回敬的口頭禪。

33 俗諺 一个錢拍二四个結

Tsit ê tsînn phah jī-sì ê kat

一個錢打二十四個結。
譏諷人視錢如命，一毛不拔，吝於用錢。

34 鳥喙牛尻川,袂賰

Tsiáu-tshuì gû kha-tshng, bē tshun

「喙」,嘴巴。「尻川」,屁股。

鳥嘴、牛屁股,進得少,出得多,沒有積存。
比喻收入少、支出多,沒有積蓄。「袂賰」,歇後語。

35 俗諺 做生理愛存後步

Tsò-sing-lí ài tshûn-āu-pōo

「生理」，生意。「後步」，退路。

指投資做生意要妥為計畫、瞻前顧後，預留後路。

36 俚語 孤行獨市，上好趁

Koo-hâng-to̍k-tshī, siōng hó thàn

「孤行」、「獨市」，獨占的行業。

商場上獨占、專賣的行業，賺錢最容易。

37 俗諺 火燒罟寮，全無望

Hué sio koo-liâu, tsuân bô-bāng

「罟」，漁網。「罟寮」，存放漁網的簡陋棚架。
「望」與「網（bāng）」同音。「無望」，本意指沒有漁網。

本意是說火燒存放漁網的工寮，漁網全燒光了。
比喻全部都化為烏有、沒有希望了。「全無望」是歇後語。

38 俗諺 三代粒積，一代窮空

Sann tāi liap-tsik, tsit tāi khîng-khong

「粒積」，儲蓄、聚積儲存。「窮」，清理。
祖上三代辛勤累積，不肖子孫一代就耗盡變窮了。
比喻創業艱辛，守成不易，期勉人要謹慎持家。
或說「三代粒積，一代開空」。

39 俚語 大月、小月，掠長補短

Tuā-gueh, sió-gueh, liah-tn̂g-póo-té

「大月」，旺季。「小月」，淡季。
做生意大月、小月都要開門營業，
截長補短互補盈虧，賺取利潤。

40 俚語 三除四扣，賰無偌濟

Sann tû sì khàu, tshun bô guā-tsē

「賰」，剩餘。「偌濟」，多少。
被東扣西扣之後，剩餘不多。
薪資所得、拿到月薪表的心聲。

41 俚語 死坐活食，無欲討趁

Sí-tsē-uáh-tsiáh, bô beh thó-thàn

「討趁」，工作賺錢。

指人生活懶散，坐吃山空而不去工作賺錢。

42 俚語 會拍算較贏勢走傱

Ē phah-sǹg khah iânn gâu tsáu-tsông

「拍算」，打算、策劃。「勢」，很會、有本事。
「走傱」，奔波忙碌。

會好好策劃的人，勝過整天忙碌，東奔西走的人。
提醒人行事要謀定而後動。

43 俚語 偷斤減兩，食秤頭

Thau kin kiám niú, tsiáh-tshìn-thâu

「食秤頭」，賣東西時，秤重以少報多。

賣東西時偷減重量，在秤頭上不老實，欺騙顧客。

44 俚語 三兩鈗仔毋知除

Sann niú ńg-á m̄ tsai tî

「鈗仔」，秤物品時所用的容器。

秤東西時，「鈗仔」的重量忘了扣除掉。
形容人不自量力，高估自己的份量。

45 俚語 王祿仔喙，糊瘰瘰

Ông-lȯk-á tshuì, hôo-luì-luì

「王祿仔」，江湖擺攤賣藥、物的人。
「糊瘰瘰」，說話誇張、矯飾。

江湖術士開口天花亂墜，誇張言詞不可聽信。

46 俗諺 一千賒毋值八百現

Tsı̍t tshing sia m̄-tȧt peh pah hiān

「賒」，賒欠。記帳。「現」，現金。

賒欠一千元，不如收現金八百元。
指商場交易現金入袋為安。

47 俚語 驚生驚死，免做生理

Kiann senn kiann sí, bián tsò sing-lí

指得失心太重。
比喻拿不定主意的人，不適合做生意。

48 俚語 拚生拚死，求名求利

Piànn senn piànn sí, kiû bîng kiû lī

做生意辛苦打拼，求的是利潤和商場的信譽。

49 俚語 半暝刣豬，天光賣肉

Puànn-mê thâi ti, thinn-kng bē bah

「半暝」，半夜。「刣豬」，殺豬。
半夜殺豬，也得等天亮才賣豬肉。
勸人行事「稍安勿躁」，要一步一步循序而為。

50 俗諺 開飯店毋驚人大食

Khui pn̄g-tiàm m̄ kiann lâng tuā-tsia̍h

敢開飯店就不怕客人食量大。
比喻敢做敢當，勇於承擔責任。

51 俗諺 買賣算分，相請無論

Bé-bē sǹg hun, sio-tshiánn bô lūn

生意買賣要算得清清楚楚，請客就不用斤斤計較了。
指商場上生意與人情之間要界定清楚，不可混淆不清。

52 俗諺 一年換二四个頭家

Tsi̍t nî uānn jī-sì ê thâu-ke

「頭家」，老闆。
「二四」，二十四，形容很多。
諷刺人沒有定性、見異思遷，常常更換工作。

53 俚語 和氣生財,人客一直來

Hô-khì sing tsâi, lâng-kheh it-tit lâi

做生意的人要和氣待客才能賺錢,老顧客也就會常常來。

54 俗諺 買田揀田底,娶某看娘嬭

Bé tshân kíng tshân-té, tshuā-bóo khuànn niû-lé

「某」,太太。「娘嬭」,母親、媽媽。

買農田要挑田底肥沃的,挑太太要看清未來的丈母娘,
因爲「龍生龍、鳳生鳳」。

55 俚語 秧抾牛借,有就割,無就煞

Ng khioh gû tsioh, ū tō kuah, bô tō suah

「秧」,稻苗。「抾」,撿到、拾取。「煞」,罷休、算了。

秧苗是撿來的,牛是借來的,稻子長成了,
有就收割,沒有就算了。
形容無本生意,賺錢很好,沒賺錢也沒關係。

56 俗諺

賣茶講茶芳，
賣花講花紅

Bē tê kóng tê phang,
bē hue kóng hue âng

「芳」，香。

生意人要行銷「物美價廉」，
如同「老王賣瓜，自賣自誇」。

57 俚語

無賒不成店，
賒久就倒店

Bû sia put sîng tiàm,
sia kú tō tó-tiàm

「賒」，賒欠、賒帳。買賣時沒收現金，記帳等以後收款。

指賒欠記帳是店家都有的，但賒欠太多、太久，
這家店就只有倒店關門了。

58 俚語

俗米嫌臭殕，俗蕃薯嫌曲痀

Siok bí hiâm tshàu-phú,
siok han-tsî hiâm khiau-ku

「臭殕」，發霉、有霉味。「曲痀」，駝背。

便宜的米抱怨有霉味，便宜的地瓜嫌它像駝背的樣子。
指便宜的東西，賣相不會很好，或說「俗物無好貨」。

59 俗諺

買賣騙一工，信用拍歹一世人

Bé-bē phiàn tsit kang,
sìn-iōng phah pháinn tsit-sì-lâng

「一工」，一天。「拍歹」，毀壞。「一世人」，一輩子。

指商場交易不可詐欺，
商譽、信用壞了，就會影響一輩子。

60 俚語

會曉做的生理，袂曉做的先死

Ē-hiáu-tsò--ê sing-lí, bē-hiáu-tsò--ê sing sí

「會曉做的」，會做的人。
「袂曉做的」，不會做的人。

比喻商場競爭激烈，會做的人經營順利，
不會做的人關門收攤，形同陣亡了。

61 俗諺

生理穤，愛收束；景氣好，緊開拓

Sing-lí bái, ài siu-sok;
kíng-khì hó, kín khai-thok

「穤」，不好。「收束」，縮減。「緊」，快。「開拓」，開發擴展。

指產業界要評估景氣狀態，隨時調整生產、業務。
小本生意也要檢視大月、小月需求，進出貨物。

62 俗諺

人無橫財袂富，馬無險草袂肥

**Lâng bô huâinn-tsâi bē pù,
bé bô hiám-tsháu bē puî**

「橫財」，意外之財或不義之財。
「險草」，險地的草。

意同「不入虎穴，焉得虎子」。
人要去賺別人不敢賺的錢才會致富，
馬敢去吃險地的草才會肥壯。

63 俗諺

了錢生理無人做，刣頭生理有人做

**Liáu-tsînn sing-lí bô lâng tsò,
thâi-thâu sing-lí ū lâng tsò**

「了錢」，賠錢。「刣頭」，殺頭。

賠錢的生意沒人做，殺頭有錢拿的生意有人做。
比喻生意人唯利是圖。

64 俚語

第一賣冰，第二做醫生，第三開查某間

Tē-it bē ping, tē-jī tsò i-sing,
tē-sann khui tsa-bóo-king

「查某間」：有女陪侍的色情場所。

指最賺錢的行業：一是賣冰，二是做醫生，三是開「查某間」。
這是早年的鄉間俚語，現在已不合時宜了。

65 俚語

第一插選舉，第二起廟寺，第三做兄弟

Tē-it tshap suán-kí,
tē-jī khí biō-sī, tē-sann tsò hiann-tī

「插」，管、參與。「兄弟」，指兄弟人、黑道人物。

指當下最賺錢的行業，一是參與選舉，二是蓋寺廟，三是當黑道人物。
這是輕佻的俚語，不能一概而論。
清白參政、寺廟善舉所在多有，兄弟人也有講求正義、公理的。

柒 動物、植物 no. 13

弄狗相咬
Lōng-káu-sio-kā

01 掠龍

liah-lîng

按摩。

02 盹龜

tuh-ku

打瞌睡、打盹。

03 著猴

tio̍h-kâu

罵人行為舉止如猴子般輕浮、不莊重。
通常指孩子淘氣、頑皮的行為。

04 俚語 鱸鰻

lôo-muâ

原意是「鰻魚」。
鄉俗「鱸鰻」是指流氓。
破壞社會秩序或幫派為非作歹的不法份子。

05 俚語 猴囡仔

Kâu-gín-á

臭小子。
對小孩子戲謔、輕視的稱呼。
有時用在對自己子女的謙稱。

06 俚語 笑面虎

tshiò-bīn-hóo

笑裡藏刀的人。
面帶笑容，心裡陰險、狡詐。

07 俚語 青盲牛

tshenn-mê-gû

文盲,指不識字的人。
文盲自嘲、或輕視文盲的用語。

08 俚語 牽猴仔

khan-kâu-á

仲介、捐客、經紀人,當媒介賺取佣金,是合法行為。
或指「皮條客」,媒介色情抽成的人,是違法的勾當。

09 俚語 火雞母

hué-ke-bó

形容說話快速、嘰哩呱啦、聒噪的女人。
有輕視、戲謔的味道。

10 俚語 雞屎運

ke-sái-ūn

即「好狗運」。
嘲諷或自嘲意外得到的好處（好運）。

11 俚語 竹雞仔

tik-ke-á

「竹雞」，原指一種棲息樹下的雉科小鳥。
鄉俗「竹仔雞」指小流氓、小混混，
遊手好閒、打架滋事的不法份子。

12 俚語 落屎馬

làu-sái-bé

原意指「拉屎的馬」。
引申指沒有用的人，也就是罵人飯桶。

13 俚語 弄狗相咬

Lōng-káu-sio-kā

比喻煽動、挑撥，
使雙方鬥爭，
挑起爭端，坐收漁利。

14 俚語 刣雞教猴

Thâi-ke-kà-kâu

「刣」，殺。

意同「殺雞儆猴」、「殺一儆百」。
懲罰一個人，以警告其他人服從的權術。

15 俚語 豬狗精牲

Ti-káu-tsing-senn

「精牲」，牲畜。

是一句很嚴重，罵人的話。罵人有如豬狗牲畜。
現在大多用來形容卑鄙無恥、毫無人性的人渣。

16 俚語 掠龜走鱉

Liȧh-ku-tsáu-pih

形容手忙腳亂，顧此失彼，
最後兩頭落空，一無所獲。

17 俚語 割稻仔尾

Kuah-tiū-á-bué

「稻仔尾」，稻子可以收成的稻穗。

比喻人坐享其成，諷刺人不勞而獲。

18 俗諺 濟牛踏無糞

Tsē gû tảh bô pùn

「濟」，多。「糞」，垃圾、餕肥。

一大群牛沒辦法將垃圾堆踩踏成為餕肥。語意近似「濟囝餓死爸」。

註1：「濟囝餓死爸」（Tsē kiánn gō-sí pē）

註2：餕肥（kauh-puî），將糞便、枯葉、垃圾等腐爛的有機廢棄物置於挖好的坑內，加水浸泡一段時間，讓它分解、發酵成為肥料。

19 俗諺 蠓仔叮牛角

Báng-á tìng gû-kak

「蠓仔」，蚊子。

蚊子叮牛角。
比喻白費工夫、徒勞無功。

20 俗諺 飼狗咬主人

Tshī káu kā tsú-lâng

好心養狗卻反而咬傷主人。
比喻不知感恩、恩將仇報。

21 俗諺 虎頭鳥鼠尾

Hóo thâu niáu-tshí bué

「鳥鼠」,老鼠。

形容做事有始無終、不了了之。

22 俚語 無魚,蝦嘛好

Bô hî, hê mā hó

沒捕到魚,撈一些蝦子也好。
比喻不強求,退而求其次也可以接受。

23 俚語 龜跤趖出來

Ku-kha sô--tshut-lâi

「跤」,腳。「趖」,蛇、蟲類爬行的動作。

烏龜的腳露出來了。
即「露出馬腳」,比喻隱瞞不住了。

24 俚語 死蛇活尾溜

Sí tsuâ ua̍h bué-liu

「尾溜」，尾巴。

比喻事情還沒全部了結，留著尾巴有待處理。
提醒人要好好處理善後，才不致「功虧一簣」。

25 俗諺 放屁安狗心

Pàng-phuì an káu sim

放個屁，表示對狗開心，狗聞屁味以為有屎吃。
比喻敷衍地給予承諾，以後再說。
如同開出一張空頭支票。

26 俗諺 慢牛厚屎尿

Bān gû kāu-sái-jiō

「厚」，多。

比喻懶人多藉口，找理由搪塞、逃避。

27 俗諺 痟狗舂墓壙

Siáu káu tsing bōng-khòng

「痟狗」，瘋狗。「墓壙」，墓穴。
一大群瘋狗爭先恐後的衝撞墓穴。
罵人盲撞亂衝，像個冒失鬼。
引申譏諷爭名奪利、橫衝直撞的芸芸眾生。

28 俚語 牽豬哥，趁暢

Khan-ti-ko, thàn thiòng

「豬哥」，公豬、種豬。「暢」，高興。
「牽豬哥」是早期鄉下行業，牽豬公去交配，有錢賺，
也為交配成功高興。
現在多比喻幫人拉皮條、媒介色情交易的人，
有錢賺、又讓人高興一下。

29 俚語 瘦狗卸主人

Sán-káu sià tsú-lâng

「卸」，丟臉、使人難堪。
狗養瘦了，主人沒面子。
形容子女不長進，父母沒面子，或伙計不行，老闆沒面子。

30 俚語 孤鳥插人群

Koo-tsiáu tshah lâng-kûn

「人群」,別人的群體。

一個人投入陌生的人群中。
期勉人投入人生地不熟的新環境,
要儘快去認識、適應。

31 俗諺 痟貪鑽雞籠

Siáu-tham nǹg ke-lam

「痟」,瘋狂。「鑽」,鑽、穿。
「鑽雞籠」,鑽進雞籠內,以「雞籠」暗喻監獄。
勸人千萬不要貪得無厭。

32 俗諺 西瓜倚大爿

Si-kue uá tuā pîng

形容人見風轉舵,趨炎附勢。

33 俗諺 牛牢內觸牛母

Gû-tiâu-lāi tak gû-bó

「觸」，被角頂到。

比喻只會內鬥，無法抵禦強敵。

34 俚語 飼鳥鼠咬布袋

Tshī niáu-tshí, kā pòo-tē

「鳥鼠」，老鼠。

即「養癰遺患」，因為姑息、自作自受而誤了大事；或「養虎為患」，自養災禍，終必受害。

35 俗諺 人心不足蛇吞象

Jîn-sim put-tsiok tsuâ thun tshiūnn

「蛇吞象」，不切實際的想法。

形容人奢望成大功、立大業，但眼高手低，非分之想不可能實現。

36 俚語 豬仔拍死才講價

Ti-á phah--sí tsiah kóng-kè

豬仔打死後才講價錢。
指「先斬後奏」，高傲強者「先下手為強」。

37 俗諺 猴也會跋落樹跤

Kâu iā ē puah-loh tshiū-kha

「跋落」，跌落。「樹跤」，樹腳下。
比喻任何事都有可能發生意外，不可大意。

38 俚語 真珠看做鳥鼠屎

Tsin-tsu khuànn tsò niáu-tshí-sái

「鳥鼠」，老鼠。
把珍珠看做老鼠的大便。
比喻人缺乏辨識能力、不識貨。

39 俚語 死豬毋驚滾水燙

Sí-ti m̄ kiann kún-tsuí thǹg

「毋驚」，不怕。「滾水」，熱水、煮沸的水。
死豬不怕熱水澆燙。
形容懶人不會做事，做不好也不痛不癢，不思振作。
另說指狂人狂事，不計後果、豁出去了！

40 俗諺 杯底毋通飼金魚

Pue-té m̄-thang tshī kim-hî

「毋通」，不可、不要。
勸人喝酒要痛快乾杯。
不要杯底留一點酒「養金魚」。

41 俚語 狗吠火車，無彩工

Káu puī hué-tshia, bô-tshái-kang

「無彩工」，徒勞無功。
狗對著火車吠叫，白費工夫。
形容人反映、陳述意見，聽者沒有反應，白費工夫。

42 俚語 死豬鎮砧，歹看相

Sí-ti tìn tiam, pháinn-khuànn-siùnn

「砧」，砧板。「歹看相」，難看、出糗的模樣。
「死豬鎮砧」，即「占著茅坑不拉屎」，
損人不利己，模樣難看、出糗。
「歹看相」是歇後語。

43 俗諺 鴨母框金嘛扁喙

Ah-bó khong kim mā pínn-tshuì

「框金」，鑲裝黃金。「扁喙」，扁嘴。
形容白費工夫。
不管如何下功夫裝飾，鴨嘴還是扁的。

44 俚語 好額人樹大影大

Hó-giàh-lâng tshiū tuā iánn tuā

「好額人」，有錢人。
指豪門巨室家大業大，開支也大。

45 俗諺 狗來富，貓來起大厝

Káu lâi pù, niau lâi khí tuā-tshù

「起大厝」，起造新的大房子。

有狗來家會帶來財富，貓來則會帶來好運、蓋大房子。
比喻收容流浪貓狗，愛護動物有好生之德，會帶來好運。

46 俚語 草仔枝也會經倒人

Tsháu-á-ki iā ē kenn tó lâng

「草仔枝」，蔓延滋生的草枝。

小小的草枝也會使人絆腳跌倒。
指微不足道的疏忽，也會壞了大局。
勸人為人處世要注意細節，小事也要妥善處理。

47 俗諺 青盲貓咬著死鳥鼠

Tshenn-mê niau kā-tio̍h sí niáu-tshí

「青盲」，瞎眼。「鳥鼠」，老鼠。

瞎眼貓咬到死老鼠。
比喻誤打誤撞、得到好處。

48 俚語 抾豬屎，拄著豬落屎

Khioh ti-sái, tú-tio̍h ti làu-sái

「抾」，撿、拾。「拄著」，遇到。「落屎」，拉肚子。
出門撿豬屎，卻碰到豬拉肚子，無屎條可撿。
比喻人時運不濟，運氣很差

49 俗諺 入虎口，無死也烏漚

Ji̍p hóo kháu, bô sí iā oo-áu

「烏漚」，本指蔬菜失水變色不新鮮，此處比喻半死不活。
獵物入老虎口中，不死也剩半條命。
比喻貴重財物若交給危險人物，將無以全身而退。

50 俚語 人若衰，種匏仔生菜瓜

Lâng nā sue, tsìng pû-á senn tshài-kue

匏仔比菜瓜大，價錢也比較好。實際上種匏仔不可能生菜瓜。
形容人運氣不好，霉運連連。

51 俗諺 七月半鴨仔，毋知死活

Tshit-gueh-puànn ah-á,
m̄ tsai sí-uah

「七月半」，農曆 7 月 15 日民間普渡，
都要宰殺雞鴨祭拜「好兄弟仔（孤魂野鬼）」。
比喻人呆頭呆腦，大禍臨頭還不知死活。

52 俗諺 死貓吊樹頭，死狗放水流

Sí-niau tiàu tshiū-thâu,
sí-káu pàng-tsuí-lâu

早期台灣鄉下處理貓、狗死屍的習俗。
現在講究衛生、環保，已不見這個習俗。

53 俗諺

狗母無搖獅，狗公毋敢來

Káu-bó bô iô-sai,
káu-kang m̄-kánn-lâi

母狗沒有作弄姿態以示招引，公狗不敢來相伴。
比喻「男追女隔座山，女追男隔層紗」。
女人稍微作態暗示一下，男人就趨前拜倒石榴裙下。

54 俗諺

龜笑鱉無尾，鱉笑龜粗皮

Ku tshiò pih bô bué,
pih tshiò ku tshoo phuê

形容難兄難弟，互相譏諷，自己也好不了多少。
與「五十步笑百步」、「泄尿笑洩屎」、
「三腳貓笑一目狗」，語意類似。

55 俚語

目睭花花，匏仔看做菜瓜

Ba̍k-tsiu hue-hue,
pû-á khuànn-tsò tshài-kue

「花花」，視力模糊。
比喻老人家眼力不好，
看東西模糊不清，容易搞錯。

56 俗諺

魚池無魚，三界娘仔做王

Hî-tî bô hî,
sam-kài-niû-á tsò ông

「三界娘仔」，小魚、類似大肚魚。
語意同「山中無老虎，猴子稱霸王」。
即「小鬼當家」。

57 俚語 第一戇，插甘蔗予會社磅

Tē-it gōng,
tshah kam-tsià hōo huē-siā pōng

「戇」，笨、傻。「予」，給、給予。
「會社」，台灣光復後稱糖廠。

早年在嘉南平原農村流傳、家喻戶曉的「三大戇」：
「第一戇，插甘蔗予會社磅」、
「第二戇，食薰（抽菸）歕風」、
「第三戇，食檳榔喙發癀（嘴發炎）」。

58 俚語 揀啊揀，揀著一个賣龍眼

Kíng--ah kíng,
kíng-tio̍h tsit ê bē lîng-gíng

「賣龍眼」，指一般的升斗小民。

比喻挑剔婚姻對象，東挑西選，
最後選上的未必十全十美。

59 俚語 無代無誌，掠一尾蟲擽尻川

Bô-tāi-bô-tsì,
liàh tsit bué thâng ngiau kha-tshng

「擽」，搔癢。「尻川」，屁股。
指人沒事找事，自找麻煩，自找苦吃。

60 俚語 時到時擔當，無米才煮蕃薯湯

Sî kàu sî tam-tng,
bô bí tsiah tsú han-tsî thng

「蕃薯」，甘藷、地瓜。
比喻到時候再說，隨機應變，不要墨守成規。

61 俗諺

豬母肥肥對狗，稻母大大對草

Ti m̄ puî puî tuì káu,
tiū m̄ tuā tuā tuì tsháu

「毋」，不，表示否定。

豬可以賣錢，養不肥，而狗卻肥了；
稻禾不長高，雜草反而生長茂盛。
比喻事與願違。如重男輕女的家庭，兒子很平庸，
女兒卻表現傑出，長輩會自嘲「豬母肥肥對狗」。

節令、天候

捌

no. 29

甜粿甜過年，發粿趁大錢
Tinn-kué tinn kuè-nî, huat-kué thàn tuā tsînn

CHAPTER 8

01 俚語 天狗食月

thian-káu tsiah-gueh

即月蝕、月食。

早期鄉間遇到月蝕認為是天狗要吃掉月亮，
要兒童敲打臉盆、瓶罐，用敲聲趕走天狗。

02 俚語 地牛翻身

tē-gû-huan-sin

早期鄉間遇到地震，認為是因為「地牛翻身」，
父老都會大聲吆喝「ㄚˋ、ㄚˋ」，
叫牛停下，不要再動了。

03 俗諺 正月正時

tsiann-gueh-tsiann-sî

圍爐團聚、收壓歲紅包的喜樂日子，
「正月正時」要多說吉祥話、吉利的話。

04 俗諺 過年清數

kuè-nî tshing-siàu

「清數」,清理帳目、算帳。

台灣民間在農曆過年,要清理帳目,
該收的收,該付的付。
「欠過年」是萬不得已的做法。

05 俚語 捲螺仔風

kńg-lê-á-hong

旋風、龍捲風

06 俗諺 春天後母面

Tshun-thinn āu-bú-bīn

「後母」,繼母。

比喻春天的天氣變化很快。
「後母面」指繼母的臉色說變就變,沒有好臉色。
俗諺不能一概而論,很多繼母都能善盡母職。

07 俗諺 過時賣曆日

Kuè-sî bē la̍h-ji̍t

「曆日」，一年一本、一日一頁的日曆。
比喻不流行、不合時宜了。

08 俚語 搧著風颱尾

Siàn tio̍h hong-thai-bué

「搧」，以巴掌用力打耳光。
「風颱尾」，指颱風或暴風雨的邊緣。
比喻事情的震撼餘波，遭到池魚之殃。

09 俗諺 風颱轉回南

Hong-thai tńg huê lâm

「風颱」，颱風。「轉」，改變方向。
颱風侵襲台灣，離開前轉颳南風，這「臨去秋波」俗稱「轉回南」。
也形容人發過大脾氣後，漸趨緩和的樣子，再過一下子就好了。

10 俚語 雷公仔點心

Luî-kong-á tiám-sim

「點心」，有別於正餐的小吃。

被雷擊中，當雷公的點心。
指多行不義、作惡多端的人，一定惡有惡報。

11 俗諺 清明培墓祭祖

Tshing-bîng puē-bōo tsè-tsóo

「清明」，節令之一，每年國曆4月4日或5日。
「培墓」，掃墓。

台灣民俗在清明節要拜祖先，還要去掃墓。

12 俗諺 冬節烏，十日箍

Tang-tseh-oo, tsȧp jit khoo

「箍」，圍、圈，指圍捕烏魚。

指農曆冬至的前十日、後十日是圍捕烏魚的旺季。
（台灣西部濱海漁村俗諺）

13 俗諺 送神風,接神雨

Sàng-sîn hong, tsiap-sîn hōo

「送神」,農曆 12 月 24 日送灶神,請風神助力早點返天庭述職。
「接神」,農曆正月初四接灶神下凡,請雨神帶來甘霖以利春耕。

指農村民間天氣預測,12 月 24 日送灶神會刮風,
正月初四接灶神下凡會下雨。

14 俗諺 九月颱,無人知

Káu-gue̍h thai, bô lâng tsai

農曆九月會不會有颱風來襲,誰也無法預知。
比喻「天有不測風雲,人有旦夕禍福」。

15 俗諺 冬節圓,好過年

Tang-tseh-înn, hó kuè-nî

「冬至」,節氣之一,每年國曆 12 月 22 日。
「過年」,指春節,農曆過年。

指冬至全家歡聚吃湯圓,準備過個好年(春節)。
台灣習俗:吃了冬至湯圓,就算增多一歲了。

16 俚語 白露水,較毒鬼

Pe̍h-lōo-tsuí, khah to̍k kuí

「白露」,節氣之一,在國曆9月8日前後。

節氣白露以後天氣轉涼,宜飲用溫水、熱開水。
勸誡人注意保健,白露以後忌喝生冷涼水。

17 俚語 雷公爍爁瀉大雨

Luî-kong sih-nah sià tuā-hōo

「雷公」,打雷。「爍爁」,閃電。

雷電交加下大雨的惡劣天氣。
也用來形容人的脾氣暴躁、大吼大叫。

18 俚語 月兔舂米過中秋

Gue̍h-thòo tsing-bí kuè Tiong-tshiu

「月兔」,月亮中的兔子。「中秋」,中秋節、農曆8月15日。
「舂米」,把稻穀放在臼中,搗去皮殼成為白米。

是說月亮上的兔子過中秋節都在舂米。
(農村俚語、童謠)

19 俚語 天落紅雨，馬發角

Thinn lȯh âng-hōo, bé huat-kak

上天下了紅色的大雨，馬長出角來。
比喻不可能發生的事情。

20 俗諺 大寒不寒，人馬不安

Tāi-hân put hân, jîn-má put-an

「大寒」，節氣之一，國曆 1 月 20 日或 21 日，
是一年中最冷的日子。

「大寒不寒」，沒有霜雪，蟲害不除，致農作歉收就人畜不安了。
這是早期傳統農村的俗諺，現在工商發達，不可同日而語了。

21 俗諺 囡仔人尻川三斗火

Gín-á-lâng kha-tshng sann táu hué

「囡仔人」小孩子。「尻川」，屁股。
比喻小孩子不怕寒冷。

22 俗諺 一日討海,三日曝網

Tsit jit thó-hái, sann jit phak bāng

「討海」,出海捕魚。「曝網」,曬魚網。

比喻一曝十寒,好日子比壞日子少很多。
也指做生意好日子不多,如同時下形容慘淡行業「週休五天」,假日才有人光顧。

23 俗諺 三年一閏,好歹照輪

Sann nî tsit jūn, hó-pháinn tsiàu lûn

「閏」,閏年。農曆閏年中期會重複再輪一次。

意思是「風水輪流轉」。
勉勵人要面對現實,勝不驕,敗不餒。

24 俚語 貧惰人想啉午時水

Pîn-tuānn-lâng siūnn lim gōo-sî-tsuí

「貧惰人」,懶惰的人。「啉」,喝、喝水。

「午時水」,端午節中午由井裡打上來的水,相傳有避邪益身的功效。
指天底下沒有不勞而獲的事情,不打水就沒水喝。

25 俗諺 西北雨,落袂過田岸

Sai-pak-hōo, lỏh bē kuè tshân-huānn

「西北雨」,台灣盛夏午後雷陣雨,來得急也去得快,
通常下在局部地區。「田岸」,田埂。

西北雨來得快也去得快,隔一條田埂就沒雨。
或說「西北雨,落袂過車路(馬路)」。

26 俗諺 春分,秋分,暝日平分

Tshun-hun, tshiu-hun, mê-jit pênn-pun

「春分」、「秋分」,節氣名稱。「春分」,國曆3月22日。
「秋分」,國曆9月23日。

節氣在春分、秋分的日子,南、北半球晝夜長短平均對分,
白天和晚上一樣長。

27 俚語 寒甲欲死,拍狗袂出門

Kuânn kah beh sí, phah káu bē tshut-mn̂g

冷得要命,打狗都趕不出門外,
形容寒流來襲,大家都躲在家裡避寒。

28 俗諺 冬節月中央,無雪閣無霜

Tang-tseh gueh tiong-ng,
bô seh koh bô sng

冬至若在農曆的月中旬,
這一年是無雪又無霜的暖冬天氣。

29 俗諺 甜粿甜過年,發粿趁大錢

Tinn-kué tinn kuè-nî,
huat-kué thàn tuā tsînn

「甜粿」,甜的年糕。
「發粿」,春節祭祖用碗、杯盛蒸,
表面要隆起裂開,象徵大發好運。
都是春節應景的甜點。

農曆過年吃甜粿
會甜甜蜜蜜、平平安安。
用發粿祭祖
會大發利市賺大錢。
是過年的吉祥話。

30 俗諺 長工望落雨,乞食望普渡

Tn̂g-kang bāng lo̍h-hōo,
khit-tsia̍h bāng phóo-tōo

「普渡」,台灣民俗七月普渡,大拜拜。
指企盼心中傾向的好時機來臨。
下雨天長工可以休息不下田,普渡日子乞丐有得吃。

31 俗諺 春雺曝死鬼,夏雺做大水

Tshun bông pha̍k-sí kuí,
hā bông tsò-tuā-tsuí

「雺」,大霧、濃霧。台語用「雺霧」形容濃霧。
春天常起濃霧容易鬧旱災,夏季常有濃霧容易大雨成災。

32 俗諺 人無照天理,天無照甲子

Lâng bô tsiàu thinn-lí, thinn bô tsiàu kah-tsí

「甲子」,本指天干、地支循環相配紀年。
此處指天地之間大自然的運行常道。
比喻人若不按天理行事,則天不從人願,大自然會反撲噬人。

33 俗諺

田嬰飛規堆，戴笠仔穿棕簑

Tshân-enn pue kui-tui,
tì le̍h-á tshīng tsang-sui

「田嬰」，蜻蜓。「笠仔」，斗笠。
「棕簑」，簑衣。
早期農村用棕毛做的雨具，穿在身上防雨。

蜻蜓成群低飛盤旋，農村叫「大水田嬰」，是下雨的徵兆，農民都要準備戴斗笠、穿簑衣。

34 俗諺

未食五日節粽，破裘毋甘放

Buē tsia̍h Gōo-ji̍t-tseh tsàng,
phuà hiû m̄ kam pàng

「五日節」，5月5日端午節。

勸人注意保暖保健，
端午節之前不要把禦寒的外套收藏起來，
留著以備不時之需。

35 俗諺

討海人驚風透，
總舖師驚食晝

**Thó-hái-lâng kiann hong thàu,
tsóng-phòo-sai kiann tsiah-tàu**

「討海人」，漁民。「透」，風勢強勁。
「食晝」，中午的宴席。

漁民出海捕魚最怕颳大風，
大廚師最怕趕辦中午的宴席。
指各行各業各有甘苦。

36 俗諺

稻仔大肚驚風颱，
塗豆採收驚雨來

**Tiū-á tuā-tōo kiann hong-thai,
thôo-tāu tshái-siu kiann hōo lâi**

指農作物成長、採收最怕颱風暴雨。

37 俗諺 清明無轉厝,無祖；過年無轉厝,無某

Tshing-bîng bô tńg tshù, bô tsóo; kuè-nî bô tńg tshù, bô bóo

「轉厝」,回家。

清明節沒有回家祭祖、掃墓,對祖先是愧疚的；
過年沒有回家團聚,應該是沒有老婆吧。
這是早期農村俗諺,現在工商、資訊無遠弗屆,
已不能一概而論。

38 俗諺 冬節月頭寒年兜,月底春分鼻水流

Tang-tseh gue̍h thâu kuânn nî-tau, gue̍h-té tshun-hun phīnn-tsuí lâu

「年兜」,農曆過年的前幾天。「春分」,國曆3月22日。

冬至在農曆月頭,過年前後會很寒冷,冬至若在月底,
翌年國曆3月春分時還會冷得流鼻水。

39 俗諺

**東爿爍爁無半滴，
西爿爍爁走袂離**

Tang-pîng sih-nah bô-puànn-tih,
sai-pîng sih-nah tsáu-bē-lī

「東爿」，東邊。「西爿」，西邊。「爍爁」，閃電。

東邊閃電不會下雨，西邊閃電雨會下得走避不及。
這是「山前」雲林、嘉義地區的俗諺。
在「山後」，台東沒聽過這個說法。

40 俗諺

**五月芒種雨，
六月火燒埔，七月無焦塗**

Gōo--gue̍h bông-tsíng hōo,
la̍k--gue̍h hué-sio-poo, tshit--gue̍h bô ta-thóo

「芒種」，節氣之一。

農曆五月節氣芒種時如果下大雨，
接下來六月會災熱如「火燒埔」，
到七月卻大雨連連，找不到乾土。

玖 — 勸誡、期勉 — no. 47

搖人無才，搖豬無刣

Iô lâng bô-tsâi, iô ti bô thâi

CHAPTER 9

01 俗諺 好酒沉甕底

Hó-tsiú tîm àng-té

最好喝的酒是沉在甕底的部分，
比喻好的事物通常在最後出現。
意同「壓軸好戲」。

02 俗諺 富不過三代

Pù put kò sann-tāi

勸誡富家子弟不可當敗家子，
要體認創業維艱、守成不易的道理。

03 俚語 氣死驗無傷

Khì-sí giām bô siong

勸人不要生氣，以免傷身。

04 俗諺 惡馬惡人騎

Ok bé ok lâng khiâ

比喻壞人自有比他更凶惡的人來懲罰他。

05 俗諺 拍狗看主人

Phah káu khuànn tsú-lâng

「拍狗」,打狗。

打狗前要先看主人是誰。
勸人行事下手前,先摸清楚對方底細,不可莽撞出手。
或謂「不看僧面看佛面」,謹慎處理人際關係。

06 俚語 愈醫愈大支

Jú i jú tuā ki

原意是治療手、腳,愈治療愈腫大,指庸醫。
引申指未妥善處理,致事態惡化,弄巧成拙。

07 俚語 暗路毋通行

Àm-lōo m̄-thang kiânn

「暗路」，引申為不光明、不道德的人生道路。
勸人不要誤入歧途，不要走上不光明的通路。

08 俗諺 食緊挵破碗

Tsia̍h-kín lòng-phuà uánn

「挵」，碰撞。
勸人不要急躁，否則「欲速則不達」。

09 俗諺 食睏無分寸

Tsia̍h khùn bô hun-tshùn

「分寸」，應有的限度、節制。
勸人吃飯、睡覺都要有所節制，不可放縱。

10 俚語 怨生無怨死

Uàn senn bô uàn sí

即「死者為大」。
勸人不要對往生的人懷有怨恨。

11 俗諺 大樓平地起

Tuā-lâu pênn-tē khí

「萬丈高樓平地起」，
期勉人為學、創業要打好根基，才能有所成就。

12 俗諺 白白布，染甲烏

Pe̍h-pe̍h pòo, ní kah oo

「烏」，黑色。
潔白的布，硬是被染成黑色。
比喻硬要抹黑事實，誣賴別人。

13 俗諺 上轎才欲放尿

Tsiūnn kiō tsiah beh pàng-jiō

要上轎起行才要去小便。
形容人做事拖泥帶水,未能瞻前顧後。

14 俗諺 捾籃仔假燒金

Kuānn nâ-á ké sio-kim

「燒金」,燒給神、佛的紙錢。
提著籃子假裝去拜拜燒金紙。
比喻裝模作樣,虛情假意而另有圖謀。

15 俚語 爛塗袂使糊壁

Nuā thôo bē-sái kôo piah

爛泥巴不能用來塗抹壁面。
比喻人或東西沒用,派不上用場。

16 (俗諺) 有喙講甲無瀾

Ū tshuì kóng kah bô nuā

「喙」，嘴巴。「瀾」，口水。

比喻苦口婆心，費盡唇舌，說得口乾舌燥。

17 (俚語) 騙鬼毋捌食水

Phiàn-kuí m̄ bat tsiȧh tsuí

「毋捌」，不曾、沒有嘗試過。「騙鬼」，欺騙、唬人。

戲稱只能騙鬼，騙不了人。
指「不相信對方所言」的俏皮話。

18 (俗諺) 徙岫雞生無卵

Suá siū ke senn bô nn̄g

「徙」，遷移、移動。「岫」禽獸蟲鳥的巢穴。

常常移動雞巢的母雞下蛋不多。
意同「一年換二十四個頭家」，無恆心就無恆產。

19 俚語 生狂狗,食無屎

Tshenn-kông káu, tsiàh bô sái

「生狂」,狂躁。

狂躁的狗,爭食不到大便。
比喻行事不可操之過急,事緩則圓。

20 俗諺 猛虎難抵猴群

Bíng-hóo lân tí kâu kûn

猛虎也難抗拒猴群。
比喻叫人要識時務、看場面,
以免落個強者寡不敵眾的局面。

21 俗諺 一枝草,一點露

Tsi̍t ki tsháu, tsi̍t tiám lōo

有草就有露水滋潤。
比喻上天有好生之德,天無絕人之路。

22 俚語 錢無兩个袚霆

Tsînn bô nng ê bē tân

「霆」，鳴響。

錢沒有兩個碰在一起，不會有聲響。
指兩個人摩擦、爭吵，雙方都有不對、不用狡賴。

23 俗諺 和尚頭掠蝨母

Huê-siūnn thâu liah sat-bó

「蝨母」，蝨子，昆蟲名。
比喻徒勞無功，白費工夫。

24 俚語 十指伸出，無平長

Tsȧp tsáinn tshun-tshut, bô pênn tn̂g

十個手指伸出來，不會一樣長。
勸誡為人子女要體諒父母，因為父母對待子女們不可能完全一致，若有不盡公平的地方，也不要太在意。

25 俗諺 一朝君主一朝臣

It tiâu kun-tsú it tiâu sîn

「君主」，君王、領導、主管。
指新的領導上台，就會進用一批新的部屬。

26 俗諺 有錢駛鬼會挨磨

Ū-tsînn sái kuí ē e-bō

「挨」，磨。「挨磨」，磨石磨子。
有錢可以使鬼推石磨。
比喻「金錢萬能」。

27 俚語 掠長補短，求齊全

Liàh-tn̂g-póo-té, kiû tsê-tsuân

截長補短，取有餘補不足，力求齊全。
期勉人行事要靈活，力求周全。

28 俗諺 菜蟲食菜，菜跤死

Tshài-thâng tsia̍h tshài, tshài-kha sí

比喻玩火自焚，自掘墳墓。

29 俗諺 雞蛋較密也有縫

Ke-nn̄g khah ba̍t iā ū phāng

比喻事情總有破綻，不可能天衣無縫。
「若要人不知，除非己莫為」。

30 俚語 色字頂頭一支刀

Sik--jī tíng-thâu tsi̍t ki to

色字頭上一把刀。
指好色會招來災禍，勸人不要性好漁色。

31 俗諺 攑頭三尺有神明

Giȧh-thâu sann tshioh ū sîn-bîng

「攑頭」，抬頭。
告誡人不可做壞事，否則將來必有報應。
意同「人咧做，天咧看」。

32 俗諺 三日無餾，距上樹

Sann jit bô liū, peh-tsiūnn tshiū

「餾」，複習、溫習。「距」，爬。
比喻幾天不複習，就會忘記所學。
「學而時習之」，是學習要訣。

33 俗諺 會咬人的狗袂吠

Ē kā-lâng ê káu bē puī

「袂吠」，不會狂叫。
比喻少說話的人，不輕易流露情緒，心機反而深沉。

34 俚語 雙面刀鬼，無好尾

Siang-bīn-to-kuí, bô hó bué

「雙面刀鬼」，雙面人。
比喻人陰險狡猾，善耍兩面手法，沒有好的下場。

35 俚語 欲食胡蠅家己欱

Beh tsia̍h hôo-sîn ka-kī hap

「胡蠅」，蒼蠅。「家己」，自己。「欱」，捕捉。
「要吃蒼蠅得自己捕捉」。
勉勵人要「自食其力」。

36 俚語 揀食揀穿袂大箍

Kíng-tsia̍h kíng-tshīng bē tuā-khoo

「大箍」，大胖子。
吃、穿都很挑剔的人，不會成為大胖子。
比喻為人處世太過挑剔的人，難成大業。

37 俗諺 趁錢有數,性命愛顧

Thàn-tsînn iú sòo, sènn-miā ài kòo

勸人賺錢要量力而為,以身體健康為重,
「留得青山在,不怕沒柴燒」。

38 俗諺 圓人會扁,扁人會圓

Înn lâng ē pínn, pínn lâng ē înn

比喻人的機運是有起有落的。

39 俗諺 得失土地公,飼無雞

Tik-sit thóo-tī-kong, tshī bô ke

「土地公」,守護地方的神,又稱「福德正神」。
比喻得罪當權者,不會有好的成就。

40 俗諺 關門著閂,講話著看

Kuainn-mn̂g tio̍h tshuànn, kóng-uē tio̍h khuànn

「閂」,關閉門戶內鎖的橫木。

勸人說話要看場合、時機,否則言多必失。

41 俗諺 食甜食鹹,臭跤鼻臁

Tsia̍h tinn tsia̍h kiâm, tshàu kha-phīnn-liâm

「跤鼻臁」,腳的脛骨。脛,小腿。

從前大人告誡小孩,不要邊吃甜,又吃鹹,
不然的話,腳脛骨會爛掉。
勸誡人飲食要有節度,不要貪嘴多吃。

42 俗諺 一年培墓,一年少人

Tsit nî puē-bōng, tsit nî tsió-lâng

「培墓」,掃墓。

比喻人數一年比一年減少,盛況不再。
同義詞「王老五過年,一年不如一年」。

43

倖豬夯灶，倖囝不孝

Sīng ti giâ tsàu, sīng kiánn put-hàu

「倖」，溺愛、放縱。

比喻子女要加以管教，不能放縱，否則會不知孝順。

44

食人一口，報人一斗

Tsiah lâng tsit kháu, pò lâng tsit táu

吃人家一口，報答人家一斗

比喻受人恩惠，要心存感激，湧泉以報。

45

做雞愛筅，做人愛反

Tsò ke ài tshíng, tsò lâng ài píng

「筅」，翻撥。「反」，翻轉。

雞要勤於撥土找吃的，人要用心找好的出路。
勸人不要「守株待兔」，要主動尋找生機。

46 俚語 寄話會加，寄物會減

Kià-uē ē ke, kià mı̇h ē kiám

託人傳話會被加油添醋，
託人帶東西可能會被揩油而減少。

47 俗諺 搖人無才，搖豬無刣

Iô lâng bô-tsâi,
iô ti bô thâi

搖晃不端莊的人，沒有才氣，搖晃的病豬殺了也賣不到好價錢。
期勉人要穩重、堅定，站有站樣，坐有坐相。

48 俗諺

顧賊一暝，做賊一更

Kòo tshát tsit mî, tsò tshát tsit kinn

防賊要守夜一整晚，小偷行竊的時間很短。
比喻守夜抓賊，防不勝防，是很辛苦的工作。

49 俗諺

緊火冷灶，米心袂透

Kín hué líng tsàu, bí-sim bē thàu

「灶」，用來生火烹飪的設備。

煮飯不能烈火，也不能讓灶冷了，要慢火燜煮，米粒才會熟透可口。
勸人凡事不要操之過急，「欲速則不達」，
不要急躁，按部就班才能成事。

50 俗諺

台灣無三日好光景

Tâi-uân bô sann jit hó kong-kíng

「光景」，情況、境況。

指台灣各行各業競爭激烈，好景維持不了三天。
即「好花不常開，好景不常在」。

51 俚語 袂曉剃頭，拄著鬍鬚

Bē-hiáu thì-thâu, tú-tio̍h hôo-tshiu

還不太會理髮，碰上了棘手的落腮鬍。
比喻遇到不擅長又棘手的事，或指人時運不濟。

52 俚語 講一个影，生一个囝

Kóng tsit ê iánn, senn tsit ê kiánn

「影」，影子。「囝」，兒子。

看到一個影子，加油添醋，說成了一個兒子。
指輕信人言，捕風捉影又疏於查證，其實子虛烏有。

53 俚語 細空毋補，大空叫苦

Sè khang m̄ póo, tuā khang kiò-khóo

「空」，縫隙、孔洞。

小的孔洞不及時補好，腐蝕成大洞就叫苦了。
提醒人要「慎乎始」、「防微杜漸」，謹慎防止弊端發生、擴大。

54 俗諺
烏矸仔貯豆油，看袂出

Oo kan-á té tāu-iû, khuànn bē tshut

「烏矸仔」，黑色的瓶子。「豆油」，醬油。

烏黑色的瓶子裝醬油，看不出到底裝了多少。
形容深藏不露，摸不清底細，看不出實際的狀況。
「看袂出」是歇後語。

55 俗諺
無尻川肉，毋通食瀉藥

Bô kha-tshng-bah, m̄-thang tsiáh sià-ioh

「尻川」，屁股。

叫人凡事要量力而為，不要逞強、硬撐。

56 俗諺
千算萬算，毋值天一劃

Tshian sǹg bān sǹg, m̄-tát thinn tsit uéh

指人算不如天算，謀事在人，成事在天。

57 俗諺 勸人做好代，較贏食早齋

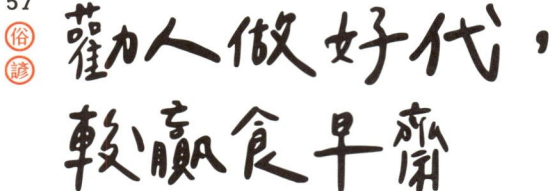

Khǹg lâng tsò hó tāi,
khah-iânn tsiah tsá-tsai

「做好代」，做好事。

強調積功德要重實質而不拘泥於形式。

58 俗諺 食無一百歲，煩惱規千年

Tsiah bô tsit pah huè,
huân-ló kui tshing nî

人生活不到一百歲，卻憂心煩惱一千年後的事情。
勸人珍惜人生、活在當下，不用為千百年後的事杞人憂天。

59 俗諺 惱氣損身命,樂暢較勇健

Lóo-khì sńg sin-miā,
lȯk-thiòng khah ióng-kiānn

「樂暢」,快樂高興。

惱怒動氣有損身體體質,
快樂高興的生活,身體會比較健壯。

60 俗諺 歹心無人知,歹喙上利害

Pháinn-sim bô lâng tsai,
pháinn-tshuì siōng lī-hāi

「歹心」,心地不好。
「歹喙」,常說不得體、負面的話。

心地不好,別人看不出來,說話不得體,
出口傷人的人,損人也不利己,得不到什麼利益。

61 俗諺

尪姨順話尾，假童害眾人

Ang-î sūn uē-bué,
ké tâng hāi tsìng-lâng

「尪姨」，女性乩童。「童」，乩童。

比喻男、女神棍裝神弄鬼、害人不淺。

62 俗諺

花無百日紅，人無千日好

Hue bô pah jit âng,
lâng bô tshian jit hó

比喻人生本來就無法永遠順利。
提醒人要有憂患意識，「人無遠慮，必有近憂」。

63 俚語 瞞者瞞不識，識者不相瞞

Muâ--tsiá muâ put sik,
sik--tsiá put siong muâ

「瞞」，騙。
「識」，了解、知道。

騙子只能騙到不了解真相的人，
了解真相的人就不會受騙上當。

64 俗諺 相分食有賰，相搶食無份

Sio-pun tsia̍h ū tshun,
sio-tshiúnn tsia̍h bô hūn

「賰」，剩餘。

分享食物還有剩餘，爭奪搶食大家都沒得吃。
比喻和諧共享還有餘裕，爭搶鬥狠大家都沒好處。

65 俗諺 看人食肉，毋通看人相拍

Khuànn lâng tsiah bah,
m̄-thang khuànn lâng sio-phah

「相拍」，打架。
期勉人要知道趨吉避凶，
以免受到池魚之殃。

66 俗諺 燒瓷的食缺，織蓆的睏椅

Sio-huî--ê tsiah khih,
tsit-tshioh--ê khùn í

「食缺」，用有缺陷的碗當食碗。
自家好的產品外售賺錢，稍有缺陷的留下來自用。
期勉人要勤儉惜物，自重自愛。

67 俗諺 唐山過台灣，心肝結規丸

Tn̂g-suann kuè Tâi-uân,
sim-kuann kiat kui-uân

「唐山」，指中國大陸。

早期先民自中國大陸來台灣謀生、墾荒，離鄉背井，孑然一身，心情鬱結。

68 俗諺 先生驚治嗽，塗水驚掠漏

Sian-sinn kiann tī-sàu,
thôo-tsuí kiann lia̍h-lāu

「先生」，指醫生。「水土」，指蓋房子的泥水師父。

醫生怕久咳不止的症狀，土水師父不喜歡做捉漏的善後工作。比喻各行各業各有苦衷。

69 俚語 食毒蹧躂身軀，跋筊跋久穩輸

Tsia̍h-to̍k tsau-that sin-khu,
pua̍h-kiáu pua̍h kú ún su

「身軀」，身體。「跋筊」，賭博。

施用毒品是在蹧躂身體，賭博久賭必輸。
勸人遠離毒和賭。

70 俚語 三个新發財，毋值一个了尾仔囝

Sann ê sin huat-tsâi,
m̄-ta̍t tsi̍t ê liáu-bué-á-kiánn

「新發財」，剛剛發跡的人。
「了尾仔囝」，敗家子。

指財閥後代，雖不爭氣，餘蔭仍在。
是說三個新發跡的人，財力可能比不上一個不務正業的敗家子。

71 俗諺

仙人拍鼓有時錯，
跤步踏差誰人無

Sian-jîn phah kóo iú sî tshò,
kha-pōo tảh-tsha siánn-lâng bô

「跤步」，腳步。
即「人非聖賢，孰能無過」。
「過而能改，善莫大焉」，人要記取教訓，力爭上游。

72 俗諺

做著歹田望下冬，
娶著歹某一世人

Tsò-tiỏh pháinn tshân bāng ē tang,
tshuā-tiỏh pháinn bóo tsit-sì-lâng

「歹田」，不好的田地。「歹某」，不好的老婆。
今年農作收成不好，還可以寄望明年，
娶到不好的老婆，可是一輩子的苦惱。
提醒人婚嫁要慎重選定，不然就後悔終生。

73 俗諺 萬貫家財食三頓，千房萬屋睏一床

Bān-kuàn ka-tsâi tsiàh sann tǹg,
tshian pâng bān ok khùn tsit tshn̂g

「三頓」，三餐。「睏」，睡覺。

擁有萬貫家財，一天也是吃三餐，
有千萬房產，睡覺也是一張床鋪就夠了。
期勉人知足常樂，不要貪得無厭。

74 俗諺 好夢心適緊拍醒，人生得意總有時

Hó bāng sim-sik kín phah-tshénn,
jîn-sing tik-ì tsóng ū sî

「心適」，有趣。「拍醒」，打醒，醒過來。

指好夢易醒，人生得意的事情不多。

75 俗諺

林投竹刺毋通交，替人做保是癮頭

Nâ-tâu tik-tshì m̄-thang kau,
thè lâng tsò pó sī giàn-thâu

「林投竹刺」，指惹事生非之輩。
「癮頭」，傻裡傻氣的樣子。

不要結交惹事生非的人，不要傻裡傻氣替人做保證人。
勸誡人要謹慎交遊，以免招來無妄之災。

76 俗諺

猶未娶某毋通笑人某嬌，猶未生囝毋通笑人囝袂曉

Iáu-buē tshuā-bóo m̄-thang tshiò lâng bóo hiâu,
iáu-buē senn-kiánn m̄-thang tshiò lâng kiánn bē-hiáu

「嬌」，舉止不端莊、風騷。「袂曉」，不會。

還沒娶妻，不要笑人家的妻子風騷；
還沒生孩子，不要譏笑人家的小孩什麼都不懂。
形容當家的人才知道當家的甘苦。
後半句或作「猶未生囝毋通笑人囝枵饞」。
枵饞（iau-sâi），貪吃、嘴饞。

拾 批判、諷刺 no. 81

臭耳聾聽啞口講青盲的看著鬼

**Tshàu-hīnn-lâng thiann é-káu
kóng tshenn-mê--ê khuànn-tio̍h kuí**

CHAPTER 10

01 俗諺 乞食下大願

Khit-tsiah hē tuā guān

「乞食」，乞丐。

嘲笑人不切實際，
沒有能力卻夢想要飛黃騰達。

02 俗諺 儑面假福相

Gām-bīn ké hok-siòng

「儑面」，做蠢事的嘴臉。
「福相」，有福氣的容貌。

形容人愚蠢而自以為很了不起，即虛有其表。

03 俗諺 賊計狀元才

Tshat kè tsiōng-guân tsâi

「狀元才」，才能高超、出類拔萃。

形容小偷、做賊的詭計多端、
頭腦不錯卻誤入歧途。

04 俗諺 好心予雷唚

Hó-sim hōo luî tsim

「唚」，吻。

好心的人卻被雷打到。
比喻好心沒好報。

05 俚語 校長兼摃鐘

Hāu-tiúnn kiam kòng tsing

形容一個人身兼數職，
諷刺大材小用。

06 俗諺 內神通外鬼

Lāi sîn thong guā kuí

指內部人員串通、勾結外人，
做出不利己方的事情。

07 俗諺 大舌閣興喋

Tuā-tsi̍h koh hìng thi̍h

「喋」，多言、愛說話。

形容人話多又言不及義，
口吃又愛說話。

08 俗諺 乞食趕廟公

Khit-tsia̍h kuánn biō-kong

「乞食」，乞丐。
「廟公」，廟祝，主管寺廟的人。
比喻喧賓奪主。

09 俚語 見笑轉受氣

Kiàn-siàu tńg siū-khì

即「老羞成怒」。
做了羞愧的事情不知反省，反而怒氣凌人。

10 俗諺 倩鬼拆藥單

Tshiànn kuí thiah io̍h-tuann

「倩」，聘雇、雇用。

請鬼抓藥。
比喻自尋死路、活不成了。

11 俚語 枵鬼假細膩

Iau-kuí ké sè-jī

「枵」，餓。「細膩」，客氣。

餓肚子想吃，又假裝客氣推辭。
形容表裡不一、虛情假意的人。

12 俗諺 胡蠅舞屎桮

Hôo-sîn bú sái-pue

「屎桮」，早期沒有衛生紙，大便後用來擦拭的片狀潔具。
「胡蠅」，蒼蠅。

譏笑人不自量力、無濟於事又貽笑大方的舞弄。

13 歹竹出好筍

Pháinn tik tshut hó sún

不好的竹欉,卻長出很好的竹筍。
形容出身在不好的環境,努力上進成傑出的人才。
最常用來恭維、戲謔
「爸爸不怎麼成材,卻教養出優異的孩子」。

14 半路認老爸

Puànn-lōo jīn lāu-pē

指人不明事理,不能明辨人、事。

15 嚴官府出厚賊

Giâm kuann-hú tshut kāu tshàt

「厚賊」,多賊。

指嚴官酷吏治理下,反而多宵小之輩。
比喻「物極必反」。

16 俗諺 豬頭皮炸無油

Ti-thâu-phuê tsuànn bô iû

揶揄人少吹牛了。
形容人言行誇張、虛有其表，沒有真材實料。

17 俗諺 無毛雞，假大格

Bô môo ke, ké tuā-keh

「大格」，體型碩大。

比喻人沒有真材實料，卻打腫臉充胖子。
「無米，留人客」也是這個意思。

18 俗諺 歹年冬厚痟人

Pháinn-nî-tang kāu siáu-lâng

「厚」，數量多。「痟人」，瘋子。

不好的年頭，狂妄、奇怪的事情特別多。
比喻「怪事年年有，今年特別多」。

19 俚語 豬母牽去牛墟

Ti-bó khan khì gû-hi

「牛墟」，買賣牛隻的臨時市集。

指行事方法不對、方向錯誤。

20 俚語 尻川後罵皇帝

Kha-tshng-āu mā hông-tè

「尻川」，屁股。

譏諷人當面沒膽子說，在背後說也沒用。

21 俗諺 死鴨仔硬喙桮

Sí ah-á ngē tshuì-pue

形容人死不認錯，
一再逞口舌之快，狡辯到底。

22 俚語 銅牙槽，鐵喙齒

Tâng-gê-tsô, thih-tshuì-khí

牙床、牙齒如銅鐵般堅硬。
指人固執、頑固，逞強好辯。

23 俗諺 食碗內，說碗外

Tsiàh uánn-lāi, sueh uánn-guā

指人「吃裡扒外」，不知感恩。

24 俗諺 乞食身，皇帝喙

Khit-tsiàh sin, hông-tè tshuì

「乞食」，乞丐。

形容人打腫臉充胖子，
吹牛講大話，說話跟行為不配。

25 俗諺 刀鈍牽拖肉韌

To tūn khan-thua bah jūn

「鈍」，刀器不利。「韌」，柔軟不易切斷、斷裂。

比喻不知自我檢討，行有不得推諉、責怪他人。
意同「袂曉駛船嫌溪狹」、「袂生牽拖歹厝邊」。

26 俗諺 家己捧屎抹面

Ka-kī phóng sái buah bīn

「家己」，自己。

比喻自作自受、自己給自己難看。

27 俚語 臭尻川，驚人掩

Tshàu kha-tshng, kiann lâng ng

「尻川」，屁股。「掩」，遮蓋、隱藏。

比喻怕別人揭穿短處或缺陷。

28 俗諺 做戲悾，看戲戇

Tsò-hì khong, khuànn-hì gōng

「戇」，形容人呆笨、頭腦不清楚的樣子。

演戲的人扮演角色裝瘋賣傻，看戲的人憨痴入戲。
形容角色扮演、皆大歡喜。

29 俚語 乞食揹葫蘆，假仙

Khit-tsiȧh phāinn hôo-lôo, ké-sian

「乞食」，乞丐。「假仙」，假裝神仙。

指人裝模作樣，故意裝糊塗。
「假仙」是歇後語。

30 俚語 好頭好面臭尻川

Hó-thâu-hó-bīn tshàu kha-tshng

「尻川」，屁股。

比喻人表裡不一，
「金玉其外，敗絮其中」。

31 俚語 早驚露水暗驚鬼

Tsá kiann lōo-tsuí àm kiann kuí

「早」，早晨。「暗」，晚上。

早上怕露水沾溼，晚上怕鬼騷擾。
形容懶惰的人不肯早出晚歸，找藉口不出門工作。

32 俗諺 好額人乞食性命

Hó-giah-lâng khit-tsiah sènn-miā

「好額人」，有錢人。
形容有錢人小氣、吝嗇。

33 俗諺 六月芥菜假有心

Lak-gueh kuà-tshài ké ū sim

形容人善於表面工夫，裝出一副熱心的樣子。

34 俗諺 白白米,飼盹龜雞

Pe̍h-pe̍h-bí, tshī tuh-ku-ke

「盹龜」,打瞌睡。

形容浪費資源。
投入很好的心力,接受的人卻無心接納。

35 俗諺 膨風水雞刣無肉

Phòng-hong tsuí-ke thâi bô bah

「膨風水雞」,腹肚脹氣鼓起的青蛙。
諷刺愛吹牛、喜歡說大話而沒有本事的人。

36 俗諺 一隻牛剝雙領皮

Tsi̍t tsiah gû pak siang niá phuê

一條牛剝了兩次皮。
比喻雙重剝削。

37 俚語 乞食拜墓,卸祖公

Khit-tsiah pài bōng, sià-tsóo-kong

「乞食」,乞丐。
「卸」,丟臉,如「卸面子」。
「卸祖公」是歇後語,意思是讓祖先丟臉、沒面子。

38 俗諺 愛媠毋驚流鼻水

Ài-suí m̄ kiann lâu phīnn-tsuí

愛漂亮的人不怕感冒、流鼻水。
比喻不循常規、標新立異的人,是要付出一些代價的。

39 俚語 歪喙雞食好米

Uai tshuì ke tsiah hó bí

「歪喙」,嘴巴歪斜。
比喻人有不自量力的過度慾望。

40 俚語 屎緊，褲帶拍死結

Sái kín, khòo-tuà phah sí-kat

「拍死結」，打死結、解不開。

比喻碰上緊急的事，卻無法及時處理。

41 俗諺 袂曉駛船嫌溪狹

Bē-hiáu sái-tsûn hiâm khe e̍h

「袂曉」，不會。

不會開船，卻怪河面狹小。

指人不知反省、改進，只會怪罪環境或別人不好。

42 俗諺 袂曉寫字嫌濟劃

Bē-hiáu siá-jī hiâm tsē ue̍h

「袂曉」，不會。「濟劃」，筆畫多。

不會寫字卻怪罪字的筆畫太多。

意同上條「袂曉駛船嫌溪狹」。

43
（俚語）袂生牽拖歹厝邊

Bē senn khan-thua pháinn-tshù-pinn

「歹厝邊」，不好的鄰居。

不會生孩子卻怪罪鄰居對他們不好。
意同上二條。

44
（俚語）袂泅牽拖羼脬大毬

Bē siû khan-thua lān-pha tuā kiû

「泅」，游泳。「羼脬」，男性的陰囊。

不會游泳卻推諉、怪罪陰囊太大。
意同上三條。

45
（俗諺）活活馬，縛佇死樹頭

Uȧh-uȧh-bé, pȧk tī sí tshiū-thâu

「縛」，綁。

活生生的駿馬，綁在死的樹頭上。
比喻人懷才不遇，不能施展抱負。

46 俗諺

好好鱟刣甲屎那流

Hó-hó hāu thâi kah sái ná lâu

「鱟」，海中的介類動物，形狀像蟹。

比喻不會做事，把好事弄得一團糟。

47 俗諺

生雞卵無，放雞屎有

Senn ke-nn̄g bô, pàng ke-sái ū

形容人有用的事都不會做，只會惹是生非。
即「成事不足，敗事有餘」。

48 俚語

做官清廉，食飯攪鹽

Tsò kuann tshing-liâm, tsia̍h-pn̄g kiáu iâm

「清廉」，清正廉潔、不貪不取。

清廉官員生活是清苦的。
民間譏諷不肖官員，隱喻「無官不貪」。

49 桌頂食飯,桌跤放屎

Toh-tíng tsiah-pn̄g, toh-kha pàng-sái

「跤」,腳、足。

桌上吃飯,在桌邊拉屎。
比喻忘恩負義的人。

50 死道友,毋通死貧道

Sí tō-iú, m̄-thang sí pîn-tō

「道友」,一同修行的同伴。「貧道」,自稱。

朋友去死,我不能死。
自私自利的風涼話。

51 大目新娘無看見灶

Tuā bak sin-niû bô khuànn-kìnn tsàu

比喻看不到眼前顯而易見的物品。

52 俗諺 毋知路閣咧攑頭旗

Ā tsai lōo koh-leh giah thâu-kî

「閣」，反倒、出乎意料。「攑」，拿。

不知道去路，反而硬要拿旗帶頭。
比喻無知卻要強出頭，甚至外行領導內行。

53 俚語 歕鼓吹的碌死扛轎的

Pûn-kóo-tshue--ê lik sí kng-kiō--ê

「碌死」，累死。「歕鼓吹」指動口不動手。
「扛轎」，費體力、勞力。

勸戒發號施令的上位者，要體恤部屬的辛勞。

54 俗諺 袂仙假仙，牛羼假鹿鞭

Bē sian ké sian, gû-lān ké lȯk-pian

「牛羼」，公牛的生殖器官、陰莖。

指人不懂裝懂，把牛羼當成鹿鞭。
或指人心存訛詐，用假貨騙取財物。

55 俗諺

歹瓜厚子，
歹人厚言語

Pháinn kue kāu-tsí,
pháinn-lâng kāu giân-gí

「厚」，指數量多。
品質不好的瓜果，子比較多，
品行不好的人，閒言閒語比較多。
暗喻「醜人多作怪」。

56 俗諺

喙空罵翁，
喙飽烏白吵

Tshuì-khang mē ang,
tshuì-pá oo-pėh-tshá

形容人妻無理取鬧的潑婦行為。
早期流傳下來的俗諺，有性別歧視意味，不宜引用。

57 俗諺 驚跋落屎礐，毋驚火燒厝

Kiann puah-loh sái-hak,
m̄ kiann hué-sio-tshù

「屎礐」，糞坑、廁所。

怕跌落糞坑，卻不怕家裡失火（因為沒房子）。
指人虛有其表，在外招搖，其實是個家無恆產的人。

58 俗諺 講甲規畚箕，做無一湯匙

Kóng kah kui pùn-ki,
tsò bô tsit thng-sî

講了一大堆，卻做不到一丁點兒。
意同「光說不練」。

59 俗諺

睏眠全頭路，睏醒無半步

Khùn-bîn tsuân thâu-lōo,
khùn-tshínn bô-puànn-pōo

「睏眠」，睡覺的時候。

睡覺時想做很多工作，醒來時什麼也沒有。
比喻人胡思亂想，不切實際。

60 俚語

四萬換一箍，百姓面攏烏

Sì-bān uānn tsit-khoo,
peh-sènn bīn lóng oo

「一箍」，一元。

早期幣制改革時的鄉間俚語。
舊台幣四萬元折換新台幣一元，老百姓臉都黑了。

61 俗諺

敢死驚做鬼，愛食驚油水

Kánn-sí kiann tsò kuí, ài tsiáh kiann iû-tsuí

比喻人患得患失，敢做不敢當。

62 俗諺

毋去無頭路，欲去無半步

M̄ khì bô thâu-lōo, beh khì bô-puànn-pōo

「毋去」，不去。「欲去」，要去。

指人沒本事，求職猶豫不決、進退兩難。

63 俗諺

欠錢怨債主，不孝怨爸母

Khiàm tsînn uàn tsè-tsú,
put hàu uàn pē-bú

比喻人不知反省，強詞奪理，
怪東怪西責怪別人。

64 俚語

選舉無師父，用錢買就有

Suán-kí bô sai-hū,
īng tsînn bé tō ū

選舉買票是違法行為。
早期地方選舉，用錢買票就當選了。
現在民智已開，買票不一定能當選。

65 俚語 食飯配菜脯，儉錢開查某

Tsia̍h-pn̄g phuè tshài-póo,
khiām-tsînn khai-tsa-bóo

「菜脯」，蘿蔔乾。「儉錢」，存錢。「查某」，女人。
指人省吃儉用，卻存錢去色情場所尋歡。
形容傻人傻事、本末倒置。

66 俚語 食飯食碗公，做工閃後方

Tsia̍h-pn̄g tsia̍h uánn-kong,
tsò-kang siám āu-hong

「碗公」，比飯碗更大的碗，多用做湯碗。
比喻好吃懶做的人。
吃得多，工作的時候卻躲到別人身後，逃避工作。

67 俗諺 細漢偷挽匏，大漢偷牽牛

Sè-hàn thau bán pû,
tuā-hàn thau khan gû

「細漢」，小時候。「大漢」，長大以後。
告誡人們見微知著，慎乎始。
提醒要重視小孩的正常教育，否則養成壞習慣，
長大以後變本加厲，就難以收拾。

68 俗諺 少年袂曉想，食老毋成樣

Siàu-liân bē-hiáu siūnn,
tsia̍h-lāu m̄-tsiânn-iūnn

年輕時不思上進，年老就不怎麼樣了。
即「少壯不努力，老大徒傷悲」。

69 俚語 有錢免煩惱，出庭就交保

Ū tsînn bián huân-ló,
tshut-tîng tō kau-pó

「出庭」，現身法庭。「交保」，保釋回家。

花錢請大律師，被收押的犯罪嫌疑人，
出庭就可以保釋回家，不用被押回牢房。
比喻律師法力無邊，甚至可以使案件扭轉乾坤。

70 俗諺 腹肚若水櫃，胸坎若樓梯

Pak-tóo ná tsuí-kuī,
hing-khám ná lâu-thui

「水櫃」，水箱。「胸坎」，前胸部。

肚子好像凸起的水箱，胸前肋骨突出，像樓梯的樣子。
形容人營養不良的體態。

71 俗諺 一某無人知，兩某相卸代

Tsit bóo bô-lâng tsai,
nn̄g bóo sio-sià-tāi

「相卸代」，互相洩底、家醜外揚。

指家中二妻口角爭執，
互相謾罵而使得家醜外揚。

72 俗諺 有錢人驚死，散食人驚無米

Ū-tsînn-lâng kiann-sí,
sàn-tsiảh-lâng kiann bô bí

「散食人」，窮人。又作「散赤人」。

有錢的人怕死，窮苦人家擔心沒米斷炊。
形容「人無遠慮，必有近憂」，人生是「生於憂患」。

73 俗諺 緊紡無好紗，緊嫁無好大家

Kín Pháng Bô Hó Se,
kín kè bô hó ta-ke

「大家」，婆婆、丈夫的母親。

急著紡紗，就紡不出好紗，急著嫁人，可能找不到好婆婆。
勸人行事要穩健，不可急躁、輕浮妄動。

74 俗諺 食無三把蕹菜，就欲上西天

Tsiàh bô sann pé ìng-tshài,
tō beh tsiūnn se-thian

「蕹菜」，應菜、空心菜。「上西天」，成仙成佛。

比喻人不自量力，以為自己很了不起。

75 俗諺 龍交龍,鳳交鳳,隱痀的交侗戇

Lîng Kau Lîng, Hōng Kau Hōng,
ún-ku--ê kau tòng-gōng

「隱痀」,駝背的人。「侗戇」,愚笨的人。

形容物以類聚,或門當戶對的交遊。

76 俗諺 有燒香有保庇,有食藥有行氣

Ū sio-hiunn ū pó-pì,
ū tsiȧh iȯh ū kiânn-khì

有燒香神明就會保佑,有吃藥氣血就會通暢。
即「要怎麼收穫,先怎麼栽」。

77 俗諺 枵雞無畏箠，枵人無惜面底皮

Iau ke bô uì tshuê,
iau lâng bô sioh bīn-té-phuê

「箠」，竹鞭。「面底皮」，面子。

飢餓的雞不怕竹鞭，飢餓的人不顧面子去求食充飢。
比喻「人窮志短」，活下去是最重要的。

78 俗諺 欲好額等後世，欲做官學做戲

Beh hó-giàh tán āu-sì,
beh tsò-kuann òh tsò-hì

「好額」，有錢人。「後世」，下輩子。

要大富就等下輩子，要做大官就去學做戲過官癮。
比喻人安於現狀，不奢望此生大富大貴、飛黃騰達。

79 俚語

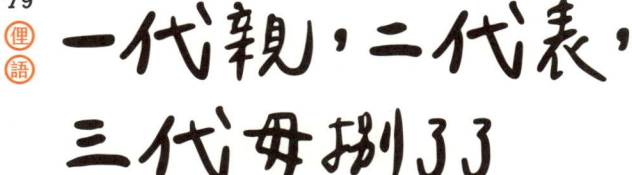

一代親,二代表,三代毋捌了了

It tāi tshin, jī tāi piáu,
sann tāi m̄ bat liáu-liáu

「毋捌」,不認識。

這一代是親兄弟姊妹,第二代成了表親、堂親,
到了第三代可能就不認識了。

80 俗諺

少年放尿漩過溪,老人放尿滴著鞋

Siàu-liân pàng-jiō suān kuè khe,
lāu-lâng pàng-jiō tih tio̍h ê

「漩」,從小孔噴出水柱,此處指尿尿力勁射遠。

形容少年年輕力壯、尿尿順暢,
老人家體力衰退,小便殘尿會滴到鞋子。

81 俚語 臭耳聾聽啞口講青盲的看著鬼

Tshàu-hīnn-lâng thiann é-káu
kóng tshenn-mê--ê khuànn-tio̍h kuí

「臭耳聾」，耳聾。
「啞口」，啞巴。
「青盲」，瞎子。

聾子聽啞巴說瞎子看到鬼。
意思是通通不可能，絕非事實，廢話連篇。

82 俗諺

未曾學行先學飛，
未曾掖種想挽瓜

Buē-tsîng oh kiânn sing oh pue,
buē-tsîng iā-tsíng siūnn bán kue

「掖種」，下種子。「挽瓜」，採瓜。

還沒學走路就想學飛，還沒播種就想收成採瓜。
形容行事沒有按部就班，好高騖遠，不切實際。

83 俗諺

枵貓數想水底魚，
枵狗數想豬肝骨

Iau niau siàu-siūnn tsuí-té-hî,
iau káu siàu-siūnn ti-kuann-kut

「肖想」，瞎想、痴心妄想。

指窮極無聊，異想天開的非分之想，不能達成的夢想。

84 俗諺 畫虎畫皮無畫骨，知人知面不知心

Uē hóo uē phuê bô uē kut,
ti jîn ti bīn put ti-sim

比喻人心難測，人不可貌相，
不可由外表來判斷一個人的心思。

85 俚語 別人牽手媠閣巧，阮兜柴耙穤閣嬈

Pat-lâng khan-tshiú suí koh khiáu,
guán-tau tshâ-pê bái koh hiâu

「牽手」，太太。「媠」，漂亮。「巧」，聰明的樣子。
「阮兜」，我家。「柴耙」，謙稱自己的太太。
「穤」，醜。「嬈」，舉止輕佻、風騷。

鄉俗中逗趣的俚語，隱喻是「太太是別人的好」，
引申下句是「兒子是自己的好」。

86 俚語 一審重判，二審減半，三審豬跤麵線

It sím tāng-phuànn,
jī sím kiám-puànn, sann sím ti-kha-mī-suànn

「豬跤麵線」，台灣民俗解除霉運回家，
要跨火爐、吃豬腳麵線，比喻否極泰來。

這是諷刺台灣司法的俚語，
花錢請大律師可以使案件從重判、減半、甚至到無罪開釋。
另俚語「有錢判生、無錢判死」，
也是指大律師有能耐讓案件翻雲覆雨、扭轉乾坤。

87 俗諺 有錢講話會大聲，無錢講話無人聽

Ū-tsînn kóng-uē ē tuā-siann,
bô-tsînn kóng-uē bô lâng thiann

比喻金錢的效力很大。

88 俗諺

一更窮，二更富，
三更起大厝，
四更拆袂赴

It-kenn kîng, jī-kenn pù,
sann-kenn khí tuā-tshù, sì-kenn thiah bē-hù

「袂赴」，來不及。

形容賭徒輸贏暴起暴落。
提醒人不要投機取巧，要腳踏實地，
記取「萬丈高樓從地起」。

89 俗諺

食予肥肥，激予槌槌，
穿予媠媠，等領薪水

Tsiah hōo puî-puî, kik hōo thuî-thuî,
tshīng hōo suí-suí, tán niá sin-suí

「激」，裝作。「槌槌」，糊塗傻氣。「媠媠」，美美的。

吃得白白胖胖，滿臉福相，裝作傻裡傻氣，不用做事，
穿著合宜漂亮，討人喜歡，就等著薪水入袋。
形容人好吃懶做，虛有其表投機取巧，等著坐領乾薪。

90 俗諺

徛咧無元氣,
坐咧就哈唏,
倒咧睏袂去,
見講講過去

Khiā--leh bô guân-khì, tsē--leh tō hah-hì,
tó--leh khùn-bē-khì, kiàn kóng kóng kuè-khì

「徛」,站立。「元氣」,精神。「哈唏」,打呵欠。
「睏袂去」,睡不著。「見講」,每次開口說話。

形容老人家衰老的行為舉止。
現在很多高齡長輩老當益壯,
不能和這則俚語相提並論。

附錄

附錄一

#	台語
1	頭毛 thâu-mn̂g
2	目眉 ba̍k-bâi
3	鼻 phīnn
4	喙䫌 tshuì-phué
5	下頦 ē-hâi
6	喙 tshuì
7	頭額 thâu-hia̍h
8	目睭 ba̍k-tsiu
9	耳 hīnn
10	頷頸 ām-kún
11	胳耳空 koh-hīnn-khang
12	手股 tshiú-kóo
13	胸坎 hing-khám
14	肩胛 king-kah
15	手曲 tshiú-khiau
16	腰 io
17	腹肚 pak-tóo
18	肚臍 tōo-tsâi
19	腹肚尾 pak-tóo-bué
20	尻川斗 kha-tshng-táu
21	手盤 tshiú-puânn
22	手指頭仔 tshiú-tsíng-thâu-á
23	手下節 tshiú-hā-tsat
24	手腕 tshiú-uánn
25	手底 tshiú-té
26	骱邊 kái-pinn
27	大腿 tuā-thuí
28	跤曲 kha-khiau
29	跤頭趺 kha-thâu-u
30	跤肚 kha-tóo
31	跤目 kha-ba̍k
32	跤後蹬 kha-āu-tenn
33	跤盤 kha-puânn
34	跤底 kha-té
35	跤指頭仔 kha-tsíng-thâu-á

人體外觀圖（台語）

資料來源：《教育部臺灣台語常用詞辭典》附錄

附錄二

1 大腦 ⎫
2 小腦 ⎬ 頭殼髓 thâu-khak-tshué
3 延腦 ⎭
4 嚨喉 nâ-âu
5 肺管 hì-kńg
6 食道 sit-tō
7 肺 hì
8 心臟 sim-tsōng
9 胃 uī
10 脾 pî
11 肝 kuann
12 膽 tánn
13 十二指腸 sip-jī-tsí-tńg
14 腰尺 io-tshioh
15 小腸 sió-tńg
16 蘭尾

17 結腸 ⎫
18 盲腸 môo-tńg ⎬ 大腸 tuā-tńg
19 直腸 ⎭

20 腰子 io-tsí
21 膀胱 phông-kong
22 尿道 jiō-tō
23 輸卵管
24 卵巢
25 子宮 tsú-kiong
26 子宮頸
27 陰道
28 輸精管
29 攝護腺
30 羼核 lān-hut
31 羼鳥 lān-tsiáu
32 羼脬 lān-pha

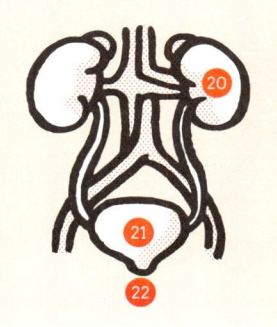

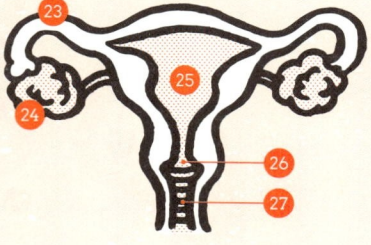

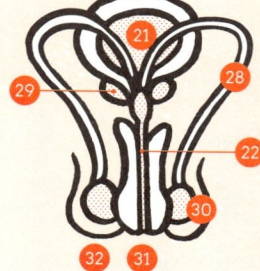

人體內部器官圖（台語）

資料來源：《教育部臺灣台語常用詞辭典》附錄　　　註：原圖部分器官僅列國語名稱

附錄三

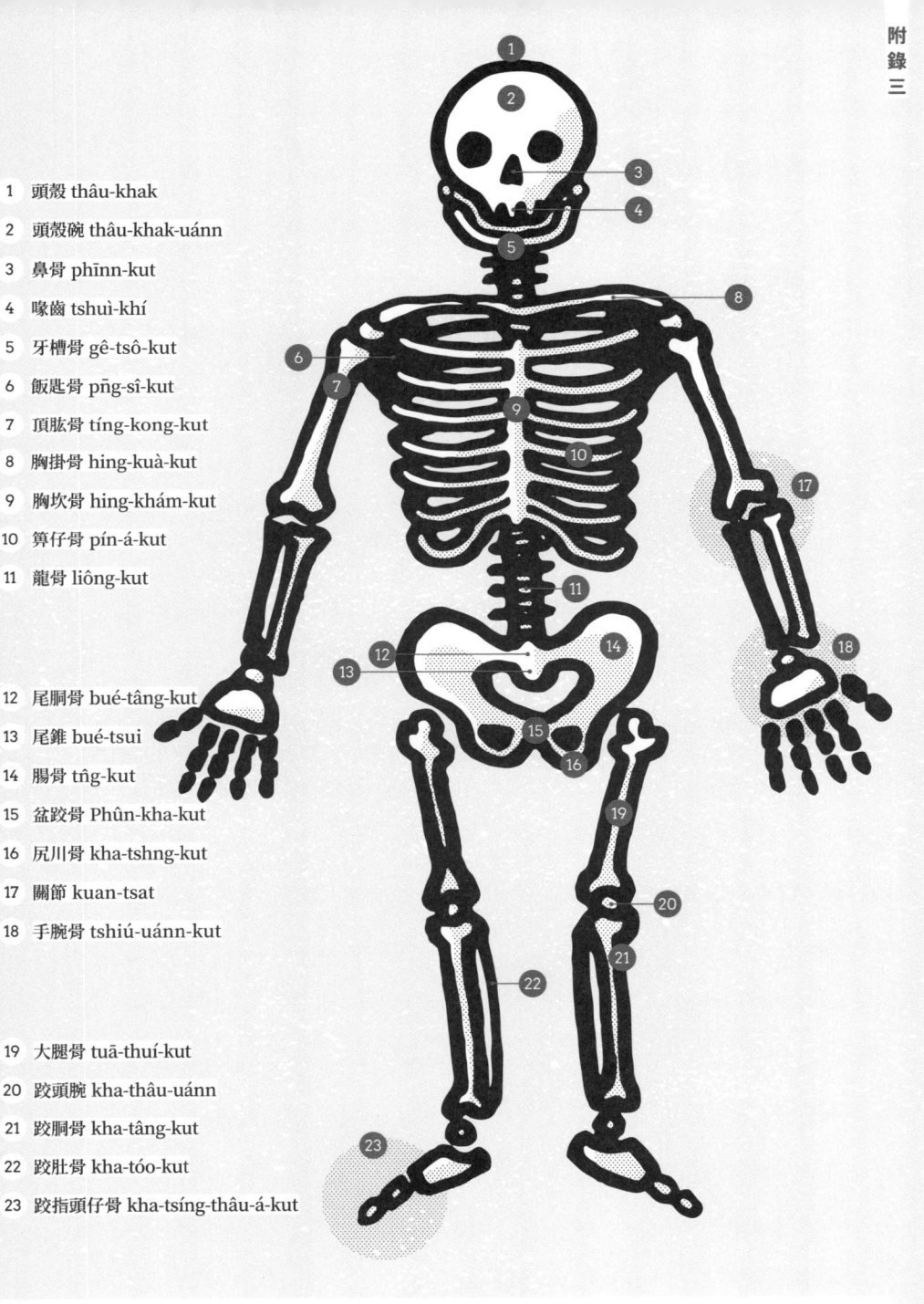

#	名稱	台語拼音
1	頭殼	thâu-khak
2	頭殼碗	thâu-khak-uánn
3	鼻骨	phīnn-kut
4	喙齒	tshuì-khí
5	牙槽骨	gê-tsô-kut
6	飯匙骨	pn̄g-sî-kut
7	頂肱骨	tíng-kong-kut
8	胸掛骨	hing-kuà-kut
9	胸坎骨	hing-khám-kut
10	箅仔骨	pín-á-kut
11	龍骨	liông-kut
12	尾胴骨	bué-tâng-kut
13	尾錐	bué-tsui
14	腸骨	tn̂g-kut
15	盆跤骨	Phûn-kha-kut
16	尻川骨	kha-tshng-kut
17	關節	kuan-tsat
18	手腕骨	tshiú-uánn-kut
19	大腿骨	tuā-thuí-kut
20	跤頭腕	kha-thâu-uánn
21	跤胴骨	kha-tâng-kut
22	跤肚骨	kha-tóo-kut
23	跤指頭仔骨	kha-tsíng-thâu-á-kut

人體骨骼圖（台語）
資料來源：《教育部臺灣台語常用詞辭典》附錄

東石往事 ——
1984 年用台語教《論語》

國中參與、推廣學區社教活動，提供我學以致用的機會，也是我們社教系友義不容辭的本行工作，所以我以「發揮學校社教功能」為辦學的要務之一。

在嘉義縣那十年，推展社教工作印象最深刻、工作最吃力、收益最大的，是用台語教《論語》的東石往事。

政府大力推展「中華文化復興運動」，嘉義縣長涂德錡十分重視這個工作，印製《論語》讀本，在全縣各鄉鎮開班講授，並要求用台語上課。那時我在東石鄉東榮國中服務，這個工作是鄉公所民政課的業務，開班準備相關事宜都由鄉公所一手包辦。

東石鄉公所要在副瀨村社區活動中心開班，鄉民報名踴躍，很快就額滿成班，萬事俱備只欠講師。

徵詢鄉內學校教師皆意願不高，很多人不方便夜間上課，但最叫老師卻步的原因，是這個《論語》班要用台語上課。本地教師說台語不成問題，但上課教學都習慣使用國語，要用台語講授、教社區「阿桑」讀《論語》，這是未曾有的上課情境，講師難覓是意料中的事情。

鄉長顏益財和我誼屬本家，找我幫忙解決這個燃眉之急，瞭解狀況後，我應允出任講師。學校下班後，晚上到學區內的副瀨村活動中心授課，下班後開車回北港都近十點了，參加上課的「阿桑」學員，看到國中校長如此熱心，大家都很用心上課。

我平日講台語自然流暢，誰知上了講台用台語授課，說了幾十年的母語，卻變得很不「輪轉」，上課兩個小時下來，舌敝唇焦。雖然每周只上課兩晚，臨場壓力很大，課前要很用心準備。

要用台語讀出《論語》字句，對我是很大的考驗，以前都用國語讀國字，現在要用台語讀出來，都得請教孰悉台語的耆碩長輩。感謝我的岳父大人，他在日據時代讀過「漢學」私塾，公職退下來後，在北港媽祖廟服務，廟內祭祀祝禱、解說籤詩都用台語正音，是我最常請益的家庭教師。那段期間，要去副瀨用台語教《論語》的前一天，一定帶著《論語》課本到岳父家「現買」，然後到副瀨《論語》班「現賣」。

教學教學，邊教邊學，當年在東石副瀨社區用台語教《論語》，是我使用鄉土語言上課的第一次體驗，領略到鄉土語言——台語不僅是生活語言、情感語言，也是可以用來上課的工具語言。從此以後，我對認識、學習台語正音投入一些心力，二十多年下來，要用台語講課、致詞、主持活動，也都習慣成自然了，教學相長，獲益良多。

資料來源：內文摘錄自拙著《感恩》275 頁 -277 頁。

國家圖書館出版品預行編目 (CIP) 資料

台語的鄉土口味：俗諺．俚語 / 顏勝堂編著. -- 增訂三版. --
[新北市]：島座放送, 2025.08
288 面；14.8 × 21 公分
ISBN 978-626-99354-5-1（平裝）

1.CST: 諺語 2.CST: 俚語 3.CST: 臺語

539.933   114006390

台語的鄉土口味─俗諺・俚語
顏勝堂　編著

發 行 人	郭燈佳
編　　輯	郭璐茜
校　　對	陳豐惠、蔡好
裝幀設計	Zü 蘇琬婷
插畫設計	Zü 蘇琬婷
台語顧問	陳豐惠
聲音顧問	郭霖、穆宣名
出　　版	島座放送
	+886 2 2941 0495
	235 中和宜安郵局第 3 號信箱
	https://www.islandset.com
總 經 銷	紅螞蟻圖書有限公司
	+886 2 2795 3656
	+886 2 2795 4100 (Fax)
	E-mail_red0511@ms51.hinet.net
	114 台北市內湖區舊宗路 2 段 121 巷 19 號
初版發行	2021 年 8 月 15 日
再版二刷	2023 年 8 月 31 日
增訂三版	2025 年 8 月 15 日
Ｉ Ｓ Ｂ Ｎ	978-626-99354-5-1
劃撥帳號	島座放送有限公司 50263371
讀者信箱	reader@islandset.com
定　　價	新台幣 420 元

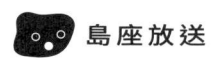

島座放送